위로, 성도가 살아가는 힘

(주)죠이북스는 그리스도를 대신한 사신으로
문서를 통한 지상 명령 성취와 하나님 나라 확장을 위해 노력합니다.

위로, 성도가 살아가는 힘
ⓒ 2025 조태성

이 책의 저작권은 저자와 (주)죠이북스에 있습니다. 신 저작권법에 의하여 한국 내에서 보호받는 저작물이므로 무단 전재와 무단 복제를 금합니다.

위로, 성도가 살아가는 힘

오늘을 살아가는 성도에게 전하는 열두 편의 위로 메시지

조태성 지음

차례

추천사 · 6
시작하는 글 · 10

PART 1. 연약한 우리, 위로가 필요하다

1. 그물이 텅 비어 있나요? · 16
2. 지금 광야를 걷고 있나요? · 32
3. 행복의 문이 닫혀 있나요? · 48
4. 누가 나를 위로해 주지? · 64

PART 2. 그들도 우리처럼 위로가 필요했다

5. 38년 된 병자, 참된 희망이 된 위로 · 84
6. 사마리아 여인, 목마름이 해갈되는 위로 · 100
7. 베드로, 만남을 통한 위로 · 116
8. 삭개오, 속히 내려옴으로 얻은 위로 · 132

PART 3. 결국 그분의 위로로 살아 내다

9. 별이 빛나는 밤에! •148
10. 가장 듣고 싶었던 말 •164
11. 내 인생의 잔치는 이제 시작입니다 •176
12. 기적은 끝나도 은혜는 계속된다 •190

마치는 글 •206

추천사

모든 것이 부족했던 유학 시절, 처음 만난 조태성 목사에게 어려운 교회 일을 부탁했습니다. 저의 장황한 설명을 듣더니 특유의 환한 미소를 지으며 "물론이죠. 교회가 원하면 제가 해야죠"라며 제 손을 잡던 그의 모습이 참 좋았습니다. 이민 목회가 힘들 때마다 그의 따뜻한 말에 위로를 받았고, 진심 어린 격려를 먹으며 오늘까지 왔습니다. 그가 꾹꾹 한 자씩 눌러 쓴 설교문을 받아 읽으니 오히려 그가 내 이야기를 정성껏 들어준 것 같습니다. 한 장 한 장을 넘기니 밤새 커피 한 잔을 두고 깊은 대화를 나눈 듯 배부른 느낌입니다. 막혔던 마음이 후련해졌고, 그의 주특기인 강요하지 않는 예수님의 위로가 제 마음을 덮었습니다. 혼자 울고 있는 독자들에게 함께 눈물을 흘려 줄 조태성 목사의 이 책을 추천합니다.

_김바나바 목사(뉴욕 퀸즈한인교회)

제가 참으로 사랑하고 아끼는 후배요, 동역자인 조태성 목사님의 책을 추천하게 되어 너무나 기쁘고 자랑스럽습니다. 책을 한 장씩 넘기면서 참 따스하고 품격 있는 목사님의 목소리가 들려왔습니다. 그 목소리에는 아픔을 겪는 사람들을 향한 잔잔한 위로의 메시지가 스며 있고, 힘겨운 시기를 지나는 사람에게는 일어나라는 격려의 박수가 담겨 있습니다. 목사님의 책이 특별하게 다가오는 것은 성경의 소리를 오늘날 생생하게 들려줄 뿐 아니라 목회 현장에서 성도를 품는 목자의 가슴도 펼쳐 보여 주고 있기 때문입니다. 그 목자의 가슴을 통해 우리에게 손 내미시는 진정한 목자 예수 그리스도의 뜨거운 심장 소리를 듣게 될 것입니다.

모두가 힘겨운 시기를 지나고 있습니다. 그러나 우리 시대의 문제는 소망이 없는 것이 아니라 진정한 소망 되신 예수 그리스도를 찾지 못하는 데 있습니다. 잘못된 곳에서 위로를 찾기에 하늘의 위로를 발견하지 못하는 것입니다. 이 책을 통해 어둠 속에 처한 사람은 진정한 빛 되신 주님을 만나게 될 것입니다. 사방이 막힌 듯한 삶에서 내일을 두려워 하는 사람에게는 우리를 향해 여전히 미소 짓고 계시는 주님의 온화한 미소를 발견하게 될 것입니다. 그 주님 안에서 우리는 위로를 받고 기쁨의 노래를 부르게 될 것입니다.

_류응렬 목사(와싱톤중앙장로교회, 고든콘웰신학대학원 객원 교수)

조태성 목사님이 부임해 오셔서 처음 설교하시던 날의 감동을 잊지 못합니다. 신선한 바람과 따뜻한 감동이 눈물 짓게 했습니다. 이후 7년 동안 한 편의 설교도 놓칠 수 없는 말씀들이 이어졌습니다. 저는 목사님의 설교를 자세히 메모하면서 많은 분이 더 많이 공유하고 은혜를 유지하기 원했습니다. 이번에 목사님의 수고로 귀한 책이 탄생하게 되어 너무 기쁩니다. 마침 교회 창립 70주년에 맞추어 출간하게 되어 더욱 뜻깊습니다. 많은 분에게 주님의 은혜가 전달될 것을 믿어 의심치 않습니다.

_양성수 장로(청복교회)

우울증이 감기처럼 흔해진 시대입니다. 마음이 아픈 성도가 너무 많습니다. 광야 같은 세상을 살아가는 동안 일상에 지친 영혼들이 늘어나고 있습니다. 피할 수 없는 고난에 삶이 한번 무너져 내리면 회복의 길은 아득해집니다. 목회자의 눈에 힘들어하는 영혼들이 들어오면 마음이 부대낄 수밖에 없습니다. 지친 성도를 일으키고 도울 길은 말씀밖에 없습니다. 이 책 안에는 상처 입은 성도를 따뜻한 가슴으로 끌어안고자 하는 저자의 마음이 담겨 있음을 느낍니다. 위로와 용기, 회복과 치유, 그리고 소망으로 가득 찬 말씀의 비경 안으로 초대합니다.

_이규현 목사(수영로교회)

저자는 분당우리교회에서 8년 동안 사역했던 동역자입니다. 분당우리교회에서 사역할 때부터 순수한 마음과 열정으로 목양하고 설교했습니다. 청복교회로 담임 청빙을 받아 부임한 지 8년 차가 되었는데, 매주 정성을 들인 설교를 모아 책으로 엮는다는 소식을 듣고 감사했습니다. 믿음으로 살아가기 어려운 시대에, 저자가 강단에서 전한 열두 편의 위로 메시지는 오늘을 살아가는 성도에게 하늘의 위로가 될 줄 믿습니다.

_이찬수 목사(분당우리교회)

저자의 곁에서 그가 얼마나 성실하게 영혼을 돌보았는지를 지켜보았던 제게 이 책은 한 편의 설교를 넘어, 목자의 마음이 담긴 편지처럼 다가왔습니다. 고단한 삶을 살아가는 성도에게 전하고 싶었던 '하나님의 위로'가 책의 문장에 스며들어 있습니다. 성경 본문에 대한 진지한 해석, 깊이 있는 독서와 시대를 읽는 통찰, 그리고 무엇보다 저자의 삶에서 길어 올린 목회의 경험들이 한데 어우러져 독자의 마음을 어루만집니다. 삶의 광야에서 지친 이들에게, 빈 그물 같은 하루에 허탈함을 느끼는 이들에게, 어디로 가야 할지 길을 잃은 이들에게 이 책은 강력하게 속삭입니다. "주님이 여전히 너를 위로하신다." 이 책이 많은 이에게 하나님의 위로를 전하는 통로가 되기를 기도합니다.

_조영민 목사(나눔교회)

• 시작하는 글

아!
이렇게 웅장한 산도
이렇게 큰 눈물샘을 안고 있다는 것을
이제야 알았습니다.

정채봉 작가의 시 「슬픔 없는 사람이 어디 있으랴?」의 한 구절입니다. 높고 장엄한 백두산 정상에는 '천지'라는 커다란 호수가 있습니다. 시인은 그 호수를 바라보며 눈물샘을 떠올립니다. 아무리 위대하고 당당해 보이는 인생에도, 웅장한 삶의 이면에도, 깊은 눈물샘이 하나쯤은 숨겨져 있을 것이라 상상합니다.

저 역시 한 교회의 담임목사로 살아가며 성도와 함께 울고 웃는 날들을 보내다 보니, 자연스레 '위로'라는 단어와 친숙해졌습니다. 왜냐하면 눈물이 없는 인생은 없기 때문입니다. 특별히 위로라는 주제를 연구하거나, 관련 책을 써야겠다고 마음먹은 적은 없습니다. 그저 성도와 함께 호흡하며, 한 주 한 주 말씀을 전하다 보니 어느새 위로자가 되어 가는 저 자신을 발견하게 되었습니다. 이런 관점으로 성경을 읽어 보니, 성경에는 하나님의 위로를 경험한 이들의 이야기가 가득합니다. 하나뿐인 아들을 잃은 어머니, 사람을 만나기조차 두려워하던 사마리아 여인, 적대국에 포로로 끌려간 다니엘……. 이들 모두는 하늘의 위로를 입었습니다. 저 또한 마찬가지입니다. 그 위로의 한 모퉁이에 서 있습니다. 이 책에 담긴 열두 편의 설교는 성도를 향한 메시지이기도 하지만, 그보다 먼저 제가 하나님에게 받은 위로의 고백이기도 합니다.

다니엘은 유다가 멸망한 뒤, 포로가 되어 바벨론으로 끌려갑니다. 낯선 이국에서 이방인의 신분으로 평생을 살았습니다. 바벨론에서의 삶은 녹록지 않았습니다. 시기와 견제를 받았고, 믿음을 지키며 산다는 것 자체가 핍박의 이유가 되기도 했습니다. 영적으로도 캄캄한 밤을 살아 내야만 했습니다. 그런 다니엘에게 하나님은 위로의 말씀을 건네십니다.

> 지혜있는 자는 궁창의 빛과 같이 빛날 것이요 많은 사람을 옳은 데로 돌아오게 한 자는 별과 같이 영원토록 빛나리라(단 12:3).

바벨론은 캄캄한 밤이었습니다. 그래서 별빛이 필요했는지도 모릅니다. 하나님은 다니엘로 하여금 바벨론의 별이 되게하셨습니다. 캄캄한 가운데, 하나님의 사랑과 언약이 여전히 빛나고 있다는 것을 몸소 보여 주는 존재가 되게 하셨습니다. 이것이 다니엘이 경험한 위로이자, 소명이었습니다.

저는 익산에서 목회하고 있습니다. 저 역시 종종 밤하늘을 올려다 봅니다. 캄캄한 밤, 그러나 별은 빛납니다. 하늘이 어두울수록 별은 더욱 선명하게 보입니다. '혹시 캄캄하고 어두우니, 별이 필요해서 하나님이 나를 이곳에 보내신 것이 아닐까?' 되새겨 봅니다. 하나님의 은혜와 사랑이 여전히 빛날 수 있음을 제 삶과 목회를 통해 보여 주는 작은 별이 되고 싶습니다. 아울러 부족한 목사를 믿고 따라 주시는 청복교회 성도님들과 천국에 계신 아버지, 기도의 울타리가 되어 주시는 어머니, 그리고 사랑하는 아내와 세 아이들에게 감사합니다. 당신들이 저의 별입니다. 사랑합니다! 감사합니다!

2025년 2월 14일 밤

익산 영등동에서

조태성 목사

- 이 책은 저자가 청복교회에서 전한 열두 편의 설교를 바탕으로, 오늘을 살아가는 성도라면 누구나 공감할 수 있도록 다듬어 엮은 설교집입니다.
- 본문에 인용한 성경 구절은 개역개정판 성경을 기본으로 하였습니다.

예수님을 만나고 동행할 때,
우리는 인생에 대한 새로운 해석을 얻게 됩니다.
연약함은 강함이 되고,
부족함은 능력이 되며,
빈 그물은 가득 찬 그물로 바뀌는 역사를
맛보게 됩니다.

PART 1

·

연약한 우리,
위로가 필요하다

1장

그물이 텅 비어 있나요?

누가복음 5장 1-8절

누가복음 5장 8절

시몬 베드로가 이를 보고 예수의 무릎 아래에 엎드려 이르되 주여 나를 떠나소서 나는 죄인이로소이다 하니

32개국 언어로 번역되고, 전 세계에서 100만부 이상 팔린 「내가 원하는 삶을 살았더라면」(피플트리)이라는 책이 있습니다. 이 책의 저자 브로니 웨어(Bronnie Ware)는 8년 동안 호스피스 병동에서 근무하며, 많은 이의 마지막 순간을 가까이에서 지켜보았습니다. 그 시간을 통해 그녀는 사람들이 죽음을 앞두고 공통적으로 후회하는 다섯 가지가 있다는 사실을 알게 되었습니다.

첫째는, 남에게 보여 주기 위한 삶을 살았다는 점입니다. 다른 사람의 시선과 기대에 매여 살다 보니, 정작 자신이 원하는 삶을 살지 못한 것을 후회하더랍니다.

둘째는, 일에만 몰두하며 살았다는 점입니다. 특히 가족, 그중

에서도 자녀들과 더 많은 시간을 보내지 못한 것을 안타까워했습니다.

셋째는, 자신의 감정에 솔직하지 못했던 점입니다. 사람들의 인정을 받기 위해 애쓰다 보니, 힘들고 지칠 때에도 솔직히 말하지 못했습니다. 이렇듯 자신에게조차 솔직하지 못하니, 자신만의 고유한 삶을 잃어버린 것입니다.

넷째는, 오랜 친구들과 더 자주 만나고, 더 깊은 관계를 갖지 못한 점입니다. 바쁜 일상 속에서 소중한 사람들과의 관계가 소홀해진 것을 뒤늦게 아쉬워했습니다.

다섯째는, 자신의 삶에 찾아온 기회들을 붙잡지 못한 점입니다. 변화가 두려워서 현실에 안주하고, 익숙한 일상만 반복하며 산 것을 아쉬워했습니다. 결국, 열심히 살았지만 후회로 가득한 인생이었음을 고백하는 것이지요.

피라미 한 마리도 잡지 못한 밤

누가복음 5장을 보면, 예수님이 베드로를 찾아오시는 장면이 나옵니다. 그날 아침, 베드로는 갈릴리 바닷가에서 그물을 씻고 있었습니다. 전날 밤 그는 밤새도록 물고기를 잡았고,

아침이 되어 그물을 씻고 손질하는 중이었습니다. 그렇게 해야만 다음 날 다시 물고기를 잡으러 나갈 수 있기 때문입니다.

그물을 손질하던 베드로는 분명 몹시 피곤했을 것입니다. 밤새 아무것도 잡지 못했기 때문입니다. 유진 피터슨은 「메시지 성경」(복있는사람)에서 그 장면을 이렇게 번역합니다.

> 주님, 우리가 밤새도록 열심히 고기를 잡았지만 피라미 한 마리 잡지 못했습니다(눅 5:5).

"피라미 한 마리도 잡지 못했다"는 표현이 그물을 손질하는 베드로의 마음을 단적으로 보여 줍니다. 베드로는 노련한 어부였습니다. 갈릴리 호수를 누구보다 잘 알고 있었습니다. 아마 전날 밤, 그는 자신이 아는 모든 지식과 경험을 동원해서 만선의 기쁨을 누릴 거라 기대했을 것입니다. 그러나 돌아온 것은 빈 그물, 빈 배였습니다. 그 아침, 베드로의 마음은 어땠을까요? 허탈하고, 공허하고, '내가 왜 어부가 되었을까' 하는 후회마저 들었을지 모릅니다.

이 말씀을 묵상하면서 저는 베드로의 모습이 꼭 우리네 인생과 닮았다고 느꼈습니다. 우리도 끊임없이 애를 쓰며 살아갑니다. 청년들은 진학의 문을 열기 위해 공부하고, 취업이라는 물고기를 잡기 위해 시간과 돈이라는 그물을 던집니다. 하지만 막상 아무것도 잡히지 않는 밤을 지나기도 합니다. 장년들도 마찬가지입니다. 자녀 양육, 가족 부양, 은퇴 준비를 위해 애를 씁니다. 하지만 막상 돌아보면 손에 쥔 것이 없습니다. 허무하고, 아쉽고, 빈 그물뿐입니다.

오늘 우리 인생의 그물에는 무엇이 담겨 있습니까? 지금까지의 삶에 만족하십니까? 혹시 아쉬움이나 후회는 없으신가요? 사실 아쉬움이 없는 인생은 없습니다. 누구에게나 공허함과 아쉬움이 있습니다. 자기 인생이 꼭 빈 그물 같다고 말할 것입니다.

그런 베드로에게 예수님이 찾아오십니다. 빈 그물 같은 인생을 살아가는 그에게 주님은 위로자가 되어 주시고, 동행자가 되어 주셨습니다. 예수님은 베드로에게 다가오셔서, 잃어버렸던 인생의 가치, 의미와 열정을 되찾아 주셨습니다. 예수님과 함께한 베드로의 삶은 더 이상 후회만이 가득한 빈 그물이 아니었습니다.

이처럼 신앙생활은 예수님과의 만남이요, 동행입니다. 주님과 함께 걸어갈 때, 빈 그물 같은 우리네 인생도 더 이상 공허하지 않습니다. 빈 그물 같았던 삶이 의미와 비전과 열정이 가득한 삶이 됩니다. 이러한 관점으로 예수님과 동행할 때 얻게 되는 유익을 살펴보고자 합니다.

동행하면, 가득 채워진다

베드로는 평생을 어부로 살아왔습니다. 갈릴리 호수가 그의 고향이자, 삶의 터전이었습니다. 그에게 호수는 무대이며, 안방처럼 익숙한 장소였습니다. 물고기의 습성도 잘 알고 있었습니다. 언제 어디로 가야 고기를 많이 잡을 수 있는지, 누구보다 잘 알았지요. 그런데 예수님을 만나기 전날 밤, 그는 허탕을 쳤습니다. 밤이 새도록 수고했지만, 한 마리도 잡지 못했습니다. 피로와 허탈함이 가득한 그 아침, 빈 그물을 씻고 있는 베드로에게 주님이 찾아와 말씀하셨습니다.

> 말씀을 마치시고 시몬에게 이르시되 깊은 데로 가서 그 물을 내려 고기를 잡으라(눅 5:4).

예수님은 베드로에게 "깊은 데로 가서 그물을 내리라"고 하셨습니다. 실은 어부의 상식에는 납득하기 어려운 말씀입니다. 예수님의 직업은 목수이신데, 목수가 베테랑 어부에게 "이렇게 잡아라, 저렇게 잡아라" 하면서 가르친다는 것은 어찌 보면 참 우스운 일처럼 보입니다.

그럼에도 베드로는 일단 순종해 보기로 했습니다. 말씀대로 깊은 곳에 가서 그물을 내렸습니다. 그러자 놀랍게도 많은 물고기를 잡게 됩니다. 그물이 터질 정도로요. 자신의 배에 다 실을 수가 없을 정도였습니다. 동료들의 배까지 불러 겨우 나누어 다 실을 수 있었습니다. 그 와중에 베드로는 갑자기 예수님의 무릎 아래에 엎드립니다.

> 시몬 베드로가 이를 보고 예수의 무릎 아래에 엎드려 이르되 주여 나를 떠나소서 나는 죄인이로소이다 하니(눅 5:8).

여기에서 베드로의 행동이 이해가 되십니까? 물고기를 잔뜩 잡은 직후, 그는 갑자기 "나는 죄인입니다"라고 말하며 예수님 앞에 납작 엎드립니다. 그는 정말 그렇게까지 죄인인 걸까요? 아닙니다. 베드로는 그저 밤새 물고기를 잡다 허탕 친 어부일뿐입니다. 어부로서 자기 일을 성실히 한 것뿐이지요. 굳이 죄가 있다면, 피라미 한 마리도 잡지 못한 것입니다. 그런데 왜 베드로는 예수님 앞에 납작 엎드려 죄를 고백했을까요?

그 밤, 베드로는 온 힘을 다했지만 물고기를 한 마리도 잡지 못했습니다. 그런데 이제는, 어부의 상식으로는 도저히 납득할 수 없는 시간과 장소에 그물을 던졌을 뿐인데, 그물이 찢어질 정도로 고기가 잡혔습니다. 한번 상상해 봅시다. 베드로는 그물을 끌어

올리며 자기 눈으로 똑똑히 보았습니다. 물고기들이 그물 안으로 터져 나오듯 밀려드는 장면을요. 이렇게 표현하면 더 정확합니다. 자기가 그물을 던져서 물고기를 잡은 것이 아니라, 자기가 던진 그물 안으로 물고기들이 몰려들며 난리를 치는 장면을 본 것입니다. 바로 그 순간, 베드로의 생각이 무너졌습니다. '아, 지금까지 나는 내 경험과 지식과 능력으로 어부로서 잘 먹고 잘 살아왔다고 생각했지만, 그게 아니었구나. 나는 단지 그물을 던졌을 뿐이고, 하나님이 그 그물 안에 물고기를 넣어 주셨기 때문에 내가 먹고살았던 것이구나.' 이 깨달음이 베드로의 세계관을 뒤흔든 것입니다.

하나님 없이, 내 힘으로, 내 인생의 그물을 내가 치고, 내가 채우며 살아온 그 삶 자체가 죄였다는 사실을 깨달은 것입니다. 하나님 없이, 하나님과 상관없이 살아온 모든 시간과 존재 자체가 죄였음을 알게 된 것입니다. 그래서 베드로는 주님 앞에 엎드립니다. "나는 죄인입니다 나를 떠나소서!"

이 이야기를 우리에게도 적용해 봅시다. 인생의 바다에서 여러분은 원하는 것을 잘 잡고 있습니까? 자녀가 있는 분들은 자녀들을 떠올려 보십시오. 자식 농사가 내 뜻대로 되던가요? 무언가 잡을 만하면, 손가락 사이로 빠져나가듯 놓쳐 버립니다. 건강은 어떤가요? 내 건강을 스스로 유지할 수 있습니까? 아닙니다. 오늘

숨 쉬고 밥 먹고 움직이고는 있지만, 내일을 장담할 수 없는 것이 우리 인생입니다. 사업은 또 어떻습니까? 오늘 일이 잘 풀리고 형통한 것이 정말 내가 잘해서 그런 것일까요? 아닙니다. 하나님이 우리 인생의 그물에 필요한 만큼의 물고기를 넣어 주시기에, 우리는 그저 그 그물을 끌어올리고 있을 뿐입니다.

우리는 베드로처럼 예수님의 무릎 아래 엎드려야 합니다. '주님과 상관없이 내 인생의 그물을 내가 던지고, 내가 잡고, 내 힘으로 살아왔다고 생각했던 그 시간들, 그리고 앞으로도 그렇게 살 수 있다고 믿는 것 자체가 죄입니다. 용서해 주옵소서. 이제는 주님과 동행하며 살겠습니다.' 바로 이 고백에서 신앙의 여정이 시작됩니다.

여러분, 혹시 지금까지 창조주 하나님과 무관하게 살아오지 않으셨습니까? 그분과 동행하는 삶을 가볍게 여기지는 않으셨습니까? 오늘도 '내가 공부하고, 내가 돈을 벌고, 내가 자녀를 잘 키울 수 있다'고 생각하며 살아가고 있지는 않으신가요? 그것이 바로 성경이 말하는 죄인의 길입니다. 이제부터라도 돌이켜야 할 때입니다. "주여, 나를 떠나소서. 나는 죄인입니다!" 이 고백이 지금, 우리에게 필요한 순간입니다. 하나님은 우리 모습 그대로를 받아 주십니다. 주님은 우리의 연약함과 실패로 비어 있는 그물을 보시고, 당신이 준비하신 것들로 풍성히 채워 주시는 분입니다. 그분을 믿으십시오. 그리고 그분과 동행하십시오.

동행하면, 새롭게 해석되어진다

베드로는 분명 전날 밤, 빈손으로 돌아왔습니. 물고기를 한 마리도 잡지 못했습니다. 분명히 실패였습니다. 그런데 예수님은 베드로에게 그 실패에 대해 전혀 새로운 해석을 주십니다.

시몬이 대답하여 이르되 선생님 우리들이 밤이 새도록 수고하였으되 잡은 것이 없지마는 말씀에 의지하여 내가 그물을 내리리이다 하고 그렇게 하니 고기를 잡은 것이 심히 많아 그물이 찢어지는지라(눅 5:5-6).

밤이 새도록 그물을 던졌지만 허탕쳤을 그 시간, 그때 베드로는 아마도 실패감, 자괴감, 무력감에 빠졌을 것입니다. 그런데 예수님을 만나고 나자, 생각이 달라졌습니다. '아, 어젯밤, 내가 허탕친 것이 오히려 축복이었구나. 내가 실패하지 않았다면, 내 경험과 지혜가 바닥을 치지 않았다면, 나는 여전히 물고기 잡는 일에만 몰두했을 거야. 그렇다면 예수님의 제자로는 평생 살지 못했겠지.' 그러니까 베드로의 허탕은 오히려 복이 되었습니다. 예수님은 베드로에게 실패를 새롭게 해석하는 눈을 열어 주셨습니다.

신약 성경에 나오는 사도 바울도 마찬가지입니다. 그는 대단한 하나님의 사람이었습니다. 수많은 교회를 세우고, 복음을 전하며, 위대한 업적을 남겼습니다. 하지만 그에게는 육체의 질병이라는 '가시'가 있었습니다. 일부 신학자들은 그 병을 간질로 보기도 합니다. 바울은 그 병을 낫게 해 달라고 세 번이나 간절히 기도했습니다. '병이 나아야 더 멀리 전도 여행도 가고, 복음도 더 잘 전할 수 있을 텐데……' 그는 그렇게 생각했을 것입니다. 그런데 하나님의 응답은 단호한 "NO!"였습니다. 바울은 평생 그 병을 안고 살아야 했습니다. 당연히 낙심했겠지요. 그러나 그때, 주님은 바울에게도 그 질병에 대한 새로운 해석을 주셨습니다.

> 그러므로 도리어 크게 기뻐함으로 나의 여러 약한 것들에 대하여 자랑하리니 이는 그리스도의 능력이 내게 머물게 하려 함이라 그러므로 내가 그리스도를 위하여 약한 것들과 능욕과 궁핍과 박해와 곤고를 기뻐하노니 이는 내가 약한 그때에 강함이라(고후 12:9-10).

바울은 마침내 깨달았습니다. '내가 지금 질병 가운데 있는 것, 이 약함이야말로 나로 하여금 교만하지 않도록 붙들어 주시는 하나님의 배려구나.' 그리고 더 나아가 생각합니다. '내가 약할 때, 오히려 주님의 강하심이 더 선명히 드러나는구나.' 그는 자신의 고질병과 약함에 대해, 완전히 새로운 해석을 갖게 됩니다. 그래서 바울은 도리어 크게 기뻐합니다.

이처럼 우리가 예수님을 만나고 그분과 동행하기 시작할 때, 주님은 우리 인생에 새로운 해석을 주십니다. 고난과 실패, 질병과 맞닥뜨릴 때, 그 어려움은 그 자체로 끝나지 않습니다. 오히려 하나님을 더 깊이 만나는 계기가 됩니다. 모든 것이 합력하여 선을 이루게 하시는, 하나님의 은혜의 통로가 됩니다.

예전에 tvN 예능 프로그램 〈유 퀴즈 온 더 블럭〉에서 이소은 씨가 출연했을 때 보았던 장면이 떠오릅니다. 그녀는 한때 가수로 활동했고, 현재는 뉴욕에서 변호사로 일하고 있습니다. 스물여덟 살에 미국으로 유학을 떠나 로스쿨 입학 시험을 준비했지만, 시험을 너무 망쳐서 좌절했고, 모든 걸 포기하고 한국으로 돌아가고 싶을 정도였다고 합니다.

그때 어머니에게서 편지가 왔다고 합니다. "딸아, 너의 실패를 축하한다! 지금의 실패가 5년 뒤 너의 인생에 큰 발전의 동력이 될 거야." 이소은 씨가 시험을 망친 건 사실입니다. 실패였지요.

그러나 어머니의 편지는 그녀에게 새로운 해석을 주었습니다. 이 것은 실패가 아니라 미래를 위한 동력이라는 것을 알게 했습니다. 어머니를 통해 실패에 대한 새로운 해석과 안목을 가지게 된 것입니다. 이처럼 우리가 예수님과 동행할 때, 주님은 우리 삶 전체에 대해 새로운 해석을 주십니다.

당신 없는 인생은 빈 그물이오니

고통의 시간 속에서 삶을 다시 해석하게 된 사람이 또 있습니다. 오혜령 시인입니다. 〈당신 없는 인생은 빈 그물이오니〉라는 시에서 자신의 인생을 이렇게 고백했습니다. 다음은 시의 일부분입니다.

당신 없는 생의 호수에 그물을 던지고
물고기가 잡히기를 바랐던 지난 나날들은
죽은 시간이었습니다.
오 주님, 이제 당신께서 그물을 채워 주소서.
그러면 저는 비로소 살 것입니다.
인생의 가장자리에 서 계신 부활의 주님,

당신 없이 한평생 수고해 보아야
우리 인생은 빈 그물이옵니다.

오혜령 시인은 연세대학교 영문과를 졸업하고, 신춘문예에 당선되며 문단에 데뷔했습니다. 서른여섯 살이라는 젊은 나이에 세계작가협회 사무총장이 되었을 만큼 잘 나가던 시인이었습니다. 그런 그녀의 삶에 갑작스럽게 하나님이 브레이크를 거셨습니다. 말기 암 판정을 받은 것입니다. 그러나 바로 그 고통의 시간 속에서 그녀는 예수님을 만나고, 믿음을 갖게 되었습니다. 그리고 자신의 인생을 신앙의 눈으로 되돌아보게 되었습니다.

시인은 고백합니다. "하나님 없이 살아온 모든 시간이 다 죽은 시간이었습니다. 내 인생이 주님으로 채워지지 않으면, 그건 빈 그물일 뿐입니다." 그런데 오혜령 시인이 언제 이 사실을 깨닫게 되었습니까? 바로 실패했을 때입니다. 질병을 통해서, 아픔을 통해서 깨닫게 되었습니다. 결국 시인에게 질병은 예수님을 만나고, 참된 만선의 삶을 살게 하는 통로가 되었습니다.

여러분, 인생은 해석입니다. 하나님과 동행하기 시작하면, 염려와 근심, 아픔과 실패가 그대로 머무르지 않습니다. 그것들은 하나님을 더 깊이 만나게 하는 통로가 되고, 모든 것이 합력하여 선을 이루는 자리가 됩니다.

베드로는 나중에 돌아보며 이렇게 고백했을 것입니다. '내가 빈 그물로 허탕 친 그날 밤, 그날이 내 인생 최고의 날이었다. 빈 그물로 바닥을 치던 그날 밤, 나는 물고기만 잡는 어부에서, 예수님을 따르는 제자가 되었지. 정녕코 그날은 내 인생 최고의 날이었다.'

저 또한 실패의 시간들을 지나왔습니다. 베드로처럼, 그물을 던지면 물고기는 늘 반대편으로 도망가는 것 같았습니다. 무엇 하나 마음먹은 대로 되지 않았습니다. 그런데 그 막힘의 시간, 그 답답함의 시간을 통해 하나님이 저를 많이 다듬으셨습니다. 세상의 허세와 자랑들을 다 내려놓게 하셨습니다. "하나님 한 분이면 충분합니다"라는 고백에 이르기까지 저를 다루셨습니다. 그리고 마침내 하나님은 저를 가장 적합한 자리로 인도해 주셨습니다. 돌아보면, 참 답답하고 힘든 시간이었지만, 그 순간들이 유익한 시간이었습니다. 저를 무르익게 만들었고, 성숙하게 만들었습니다.

여러분, 예수님을 만나고 동행할 때, 우리는 인생에 대한 새로운 해석을 얻게 됩니다. 연약함은 강함이 되고, 부족함은 능력이 되며, 빈 그물은 가득 찬 그물로 바뀌는 역사를 맛보게 됩니다.

혹시 지금 여러분의 인생이 빈 그물이라고 생각하나요? 만약 그렇더라도 아직 늦지 않았습니다. 지금 이 순간부터라도 예수님을 믿고, 예수님과 동행하십시오. 주님 안에서 가득 찬 인생이 될 수 있습니다. 한 가지만 기억하십시오! 내 인생은 내가 채우는 것이 아니라, 주님이 채워 주셔야 비로소 가득 찰수 있습니다. 예수님은 우리가 실패하더라도 그 실패마저도 새롭게 해석해 주십니다. 약함은 강함으로, 염려와 근심은 찬양과 감사로 바뀌게 하십니다. 매일 그 은혜를 누리고 그 은혜 안에 머무시기를 축복합니다.

하나님,
그동안 내 인생의 그물을 내가 채우며
살아왔다고 자부했습니다.
그러나 이제 보니,
주님이 채워주시는 만큼만
선물처럼 받으며 살아왔습니다.
이제라도 깨닫게 하시니, 참 죄송하고 감사합니다.
주님 없는 내 인생은 빈 그물입니다.
빈 배입니다.
이제부터 제 인생의 배에 주인으로
동행하여 주십시오.
예수님의 이름으로 기도드립니다.
아멘.

2장

지금 광야를 걷고 있나요?

시편 23편 1-6절

시편 23편 4절
내가 사망의 음침한 골짜기로 다닐지라도 해를 두려워하지 않을 것은 주께서 나와 함께 하심이라 주의 지팡이와 막대기가 나를 안위하시나이다

여러 작품에서 다양한 연기를 자연스럽게 소화해 내는 천우희라는 여배우가 있습니다. 한 매체와의 인터뷰에서 그녀는 이런 말을 했습니다. "저는 자존감도 낮고 인생에 결핍도 많습니다. 하지만 연기할 때 그 결핍이 꼭 나쁘게만 작용하는 것은 아닌 것 같아요. 오히려 연기의 원동력이 될 때도 있어요." 자신의 경험 부족과 한계를 연기를 위한 에너지로 삼았다는 고백입니다. 이렇게 보면, 결핍은 꼭 나쁜 것만은 아닙니다.

우리 삶의 결핍을 해결해 줄 수 있는 것은 무엇일까요? 돈일까요? 제가 살고 있는 익산에는 전국적으로 유명한 로또 명당이 하나 있습니다. 1등 당첨자가 일곱 번이 넘게 나왔다고 하고, 2등도

스무 번 이상 나왔다고 합니다. 지금까지 누적 당첨 금액이 100억 원을 훌쩍 넘는다고 하니, 정말 명당은 명당인가 봅니다. 하지만 문득 이런 의문이 들었습니다. '로또에 당첨된 사람들은 정말 행복할까?' '결핍 없이 풍요롭게 살고 있을까?'

마침 이 주제를 연구한 사람들이 있습니다. 경제학자 귀도 임벤스(Guido Imbens)와 통계학자 도널드 루빈(Donald Rubin)입니다. 이들이 발표한 논문에 따르면, 복권 당첨자들은 당첨금 수령 후 평균 10년 안에 84퍼센트를 탕진한다고 합니다. '필요한 곳에 쓴다'기보다, 말 그대로 흥청망청 써버린다는 뜻입니다. 그리고 당첨자 중 3분의 1은 파산하게 된다고 합니다. 로또가 인생을 단숨에 바꾸고 결핍을 해결해 줄 것처럼 보이지만, 오히려 더 큰 공허를 남길 수도 있다는 사실을 보여 주는 대목입니다.

부족과 결핍으로 가득한 땅, 광야

시편 23편은 이렇게 시작합니다. "여호와는 나의 목자시니 내게 부족함이 없으리로다." 아주 익숙한 말씀이지요. 시편 기자는 하나님을 목자로, 하나님의 백성을 양으로 비유하고 있습니다. 그런데 이 시편의 배경이 되는 곳은 팔레스타인의 유대 광야입니다. 팔레스타인은 한국처럼 사계절이 뚜렷하지 않습니다. 강수량도 풍부하지 않습니다. 대부분의 지역이 '광야'라 불리는, 사막에 가까운 땅입니다. 특정한 지역에서만 목축과 농사가 가능합니다. 어찌 보면 유대 광야는 부족과 결핍이 일상이 된 땅입니다.

영어로 사막이나 광야를 'desert'라고 합니다. 버려진 땅, 쓸모없는 땅, 죽음의 땅이라는 인식이 담긴 단어입니다. 그런데 구약성경에서 '광야'에 해당하는 히브리어는 '미드바르'(הַמִּדְבָּר)입니다. 이 단어의 어근은 '말씀'을 뜻하는 '다바르'(דָבָר)와 같습니다. 그러니까 이스라엘 사람들에게 광야는 단순히 버려진 땅이 아닙니다. 오히려 하나님의 말씀을 듣는 곳이며, 하나님을 만나는 자리입니다. 비록 부족과 결핍이 있지만, 하나님을 만나고 그분의 말씀으로 채워지는 곳이 바로 광야입니다.

우리가 살아가는 이 세상도 광야와 닮았습니다. 항상 무언가가 부족하지요. 완전히 만족하는 인생, 완전히 채워진 삶은 없습니다. 한쪽이 채워지면 또 다른 한쪽이 비게 됩니다. 그런데 시편 23편은 그 광야 같은 인생을 어떻게 하면 부족함 없이 살아갈 수 있는지 알려 줍니다. 시편 23편 1절 말씀입니다.

여호와는 나의 목자시니 내게 부족함이 없으리로다.

이 말씀은 모든 문제가 사라지고, 결핍이 완전히 없어질 것이라는 뜻은 아닙니다. 여전히 문제는 있고, 염려와 두려움도 따릅니다. 하지만 하나님이 우리의 목자가 되시면, 그 모든 것이 결핍으로 느껴지지 않도록 하신다는 뜻입니다. 부족함이 부족함으로 끝나지 않도록, 하나님이 우리의 목자가 되어 주시겠다는 약속입니다.

결국 신앙생활을 한다는 것, 교회를 다닌다는 것은 인생길을 누구와 함께 걸을 것인지 선택하는 일입니다. 어떤 사람은 혼자서 걷습니다. 또 어떤 사람은 가족이나 친구를 의지하며 살아갑니다. 자신의 재능이나 물질을 붙들고 가는 사람도 있지요. 하지만 그렇게 해서는 결국 부족과 결핍을 피할 수 없습니다. 오직 하나님이 함께 걸어 주시는 인생, 하나님이 목자가 되어주시는 삶만이 부족함 없는 인생 광야를 건너갈 수 있습니다.

우리 모두가 목자 되신 하나님을 만나고, 인생 광야의 부족함을 극복하는 삶을 살아가길 소망합니다.

이제, 그렇게 하나님과 동행하는 인생이 누리는 복을 두 가지로 나누어 살펴보겠습니다.

일상의 필요를 채우시는 손길

여호와는 나의 목자시니 내게 부족함이 없으리로다 그가 나를 푸른 풀밭에 누이시며 쉴 만한 물가로 인도하시는도다(시 23:1-2).

이 말씀은 하나님이 그의 백성을 부족함 없이 돌보시는 모습을 보여 줍니다. 특히, "푸른 풀밭"과 "쉴 만한 물가"로 인도하신다는 말은 양의 일상적인 필요를 채워 주시는 하나님의 은혜를 의미합니다.

팔레스타인의 기후는 건기와 우기로 나뉩니다. 우기 때는 비가 넉넉히 오고, 풀도 풍성하여 양들이 어디를 가든 먹을 것과 마실 것이 충분히 있습니다. 그러나 건기가 되면 상황은 완전히 달라집니다. 이전에 풀이 있던 곳에도, 물이 있던 곳에도 아무것도 남아 있지 않습니다. 팔레스타인에서 양이 살아남으려면 그 지역의 기후와 지형을 잘 아는 노련한 목자가 필요합니다.

시편 기자는 하나님이 바로 그런 목자가 되어 주신다고 선언합니다. 인생의 광야에서 우리는 어디로 가야 쉴 만한 물가가 있고, 푸른 풀밭이 있는지 알지 못합니다. 상황은 시시각각 바뀌고, 어제의 길이 오늘은 막혀 있기도 합니다. 그러나 주님은 아십니다.

하나님이 우리 일상의 필요를 채우시고 공급하시는 목자가 되어 주십니다.

예수님도 하나님의 공급하심에 대해 가르치셨습니다. 마태복음 6장 25-26절에서는 이렇게 말씀하셨습니다.

> 그러므로 내가 너희에게 이르노니 목숨을 위하여 무엇을 먹을까 무엇을 마실까 몸을 위하여 무엇을 입을까 염려하지 말라 목숨이 음식보다 중하지 아니하며 몸이 의복보다 중하지 아니하냐 공중의 새를 보라 심지도 않고 거두지도 않고 창고에 모아들이지도 아니하되 너희 하늘 아버지께서 기르시나니 너희는 이것들보다 귀하지 아니하냐.

예수님은 우리에게 무엇을 먹을까, 무엇을 마실까, 무엇을 입을까 염려하지 말라 하셨습니다. 왜 그럴까요? 하나님 아버지께서 우리를 먹이시고 입히시기 때문입니다. 예를 들어, 공중의 새를 보라고 하십니다. 공중의 새는 심지도, 거두지도, 창고에 모아 두지도 않습니다. 그럼에도 새들은 먹을 것을 다 먹고 살아갑니다. 하늘 아버지께서 그들의 일상의 필요를 채우시며 기르시기 때문입니다. 공중의 새도 이렇게 기르시는데, 하물며 하나님의 자녀인 우리에게는 어떻게 하시겠습니까? 당연히 하나님이 우리 삶에 필요한 모든 것을 채워 주십니다.

추수가 끝난 뒤, 들판에 나가 보면 새들이 날아다닙니다. 추수하고 떨어진 곡식을 먹이 삼아 찾아듭니다. 그때 가만히 귀를 기울여 새들의 지저귀는 소리를 들어 보십시오. 아마 이런 소리가 들릴 것입니다. "성도님, 염려하지 마세요. 하나님이 도우십니다. 새도 먹이시는 하나님은 당신도 먹이실 거예요. 목자 되신 주님을 신뢰하세요." 이것은 바로 하나님의 공급하심을 기대하라는 새들의 설교입니다.

심리학자 어니 젤린스키(Ernie J. Zelinski)는 「모르고 사는 즐거움」(랜덤하우스 코리아)에서 걱정에 관한 연구를 소개했습니다. 연구 결과에 따르면, 사람들이 하는 걱정의 40퍼센트는 절대 일어나지 않을 일입니다. 30퍼센트는 이미 일어나서 돌이킬 수 없는 일이고, 22퍼센트는 너무 사소해서 걱정 자체를 할 필요가 없는 것이며, 4퍼센트는 우리 힘으로는 도저히 바꿀 수 없는 일이랍니다. 걱정의 대상이 되지 않는 것들이지요. 마지막 4퍼센트만이 우리가 걱정하고 대처할 수 있는 일입니다. 결론적으로, 우리가 하는 걱정의 96퍼센트는 쓸데없는 걱정이라는 이야기입니다.

실제로 우리는 쓸데없는 걱정을 키우며 상상의 나래를 펼치곤 합니다. 만약 배우자가 집에 늦게 돌아온다고 생각해 보십시오.

혼자서 상상하며 걱정합니다. '교통사고가 난 것은 아닐까? 만약 남편(또는 아내)가 사고로 죽었다는 연락을 받으면 어떻게 해야 하지? 어느 장례식장을 계약해야 할까?' 벌써 마음속에서 장례를 치르고, '다시 결혼을 해야 할까?' 하는 걱정도 하고 있습니다. 걱정을 선택하고, 그 걱정을 계속 키워 갑니다.

그러나 하나님을 믿는 자는 다릅니다. 우리는 목자 되신 하나님과 함께하기 때문입니다. 비록 결핍과 부족이 가득한 인생 광야를 걸어가지만, 성도는 하나님의 공급하심을 믿습니다. 이런 의미에서 염려는 그냥 사라지지 않습니다. 목자 되신 하나님과 동행할 때, 그분이 우리의 필요를 채워 주신다는 믿음을 가질 때, 우리는 걱정을 이길 수 있습니다. 그때 세상은 염려로 가득 찬 곳이 아니라, 감탄과 경이로 가득 찬 세상이 됩니다.

위기의 순간, 보호하시는 손길

내가 사망의 음침한 골짜기로 다닐지라도 해를 두려워하지 않을 것은 주께서 나와 함께 하심이라 주의 지팡이와 막대기가 나를 안위하시나이다(시 23:4).

시편 23편의 저자는 다윗 왕입니다. 그는 왕이 되기 전, 사울의 오해와 견제를 받으며 수많은 죽을 고비를 넘겼습니다. 그야말로 "사망의 음침한 골짜기"를 헤매며 다닌 셈입니다. 그런데 그 위기의 순간에, 다윗이 경험한 것은 바로 하나님의 보호하심이었습니다. 정도의 차이는 있을지라도 우리도 모두 각자의 음침한 골짜기를 지나갑니다. 치열한 경쟁 사회 속에서 지치고, 낙심케 하는 사람을 마주치며, 때론 갑작스레 찾아온 질병에 고통받기도 합니다. 이렇듯 온 세상에 드리워진 사망의 음침한 골짜기를 걸어갑니다. 그러나 성도에게는 한 가지 결정적인 차이가 있습니다. "사망의 음침한 골짜기로 다닐지라도 해를 두려워하지 않을 것은 주께서 나와 함께 하심"이라는 믿음입니다. 주님의 보호하심이 우리와 늘 함께하십니다.

5절을 보면 주님이 우리와 동행하시면서 구체적으로 어떻게 도우시는지가 나옵니다. "주의 지팡이와 막대기가 나를 안위하시나이다." 지팡이와 막대기는 목자가 양을 지킬 때 사용하는 도구입니다. 양이 사자나 늑대에게 공격을 받으면, 목자는 지팡이와 막대기로 맹수를 공격합니다.

잠시 본문을 보면서 하나님의 위치를 상상해 보십시오. 평안히 길을 갈 때, 주님은 앞서 가십니다. 먼저 가시면서 푸른 초장, 쉴 만한 물가를 찾아 주십니다. 그러나 위기의 순간에 주님은 우리 곁에 바짝 붙어 다가오십니다. 지팡이와 막대기로 무장하신 채, 우리 곁에서 지켜 주십니다.

신학자 데릭 키드너(Derek Kidner)는 이렇게 설명합니다. "위기의 순간, 하나님의 위치가 바뀐다. 에스코트를 위해 일대일로 마크해 주신다." 평소에는 인도자이시던 주님이, 위기 앞에서는 보디가드로 바뀌신다는 말입니다. 이것이야말로 신앙생활의 놀라운 은혜요, 묘미 아닐까요?

위기의 순간, 성도는 하나님을 가장 생생히 느끼고 경험합니다. '하나님이 바로 내 옆에서 나를 지키시는구나.', '하나님이 일대일로 나를 에스코트 하시는구나.' 이렇게 하나님을 '지식으로 아는 것'을 넘어, 체험으로 알게 되는 순간이 찾아옵니다. 그리고 6절에서는 그 체험이 한 걸음 더 나아갑니다. "내 평생에 선하심과 인자하심이 반드시 나를 따르리니 내가 여호와의 집에 영원히 살리로다"(시 23:6). 저는 이 말씀을 묵상하면서 깜짝 놀랐습니다. 하나님의 선하심과 인자하심이 '반드시' 나를 따른다니요! 저는 이때까지 신앙생활을 하면서 내가 하나님을 믿고, 내가 하나님을 따르고, 내가 하나님을 섬긴다고 생각했습니다. 그것이 신앙이라고 생각했습니다. 그런데 이 말씀은 완전히 다른 시선을 제시합니다. 누가 누구를 따릅니까? 내가 하나님을 따르는 것이 아니라, 하나님의 선하심과 인자하심이 나를 따릅니다. '아 내가 하나님을 따라다닌 것이 아니라, 하나님이 나를 따라와 주셨구나.' 신앙생활은 바로 이 사실을 발견하고, 깨닫는 여정입니다.

구약 성경에 등장하는 요나 선지자를 아실 것입니다. 어느 날 하나님은 요나에게 말씀하십니다. "니느웨로 가서 심판을 선포하여라! 왜냐하면 그들의 죄와 악독이 상달되었기 때문이다!" 니느웨는 당시 이스라엘의 적국 앗수르의 수도였습니다. 요나는 그곳으로 가는 것이 내키지 않았습니다. 혹시라도 그들이 회개하면, 하나님이 용서하실지도 모르기 때문이었습니다. 그래서 요나는 하나님의 낯을 피해 도망치기 시작합니다. 니느웨와는 정반대 방향인 다시스로 향하는 배를 탑니다.

하지만 하나님은 그런 요나를 그냥 두지 않으셨습니다. 요나를 추격하십니다. 바다에 큰 풍랑을 보내서 도망가는 그의 발걸음을 막으시고, 큰 물고기를 예비하셔서 그의 항로를 돌이키십니다. 하나님은 요나가 선지자의 사명을 감당할 때까지 포기하지 않고 따라가십니다. 요나가 하나님을 따른 것이 아니라, 하나님이 요나를 따르셨습니다. 불순종이라는 위기 속에 빠진 요나를, 주님은 끝까지 쫓아가시고 구원하셨습니다. 위기의 순간, 요나 곁에 가장 가까이 계셨던 분은 바로 하나님이셨습니다.

이처럼 위기의 순간에도 우리를 결코 포기하지 않으시는 하나님의 사랑을 떠올릴 때, 자연스레 이런 고백이 마음에서 흘러나옵니다. 찬송가 301장 1절의 고백입니다.

지금까지 지내온 것 주의 크신 은혜라
한이 없는 주의 사랑 어찌 이루 말하랴
자나 깨나 주의 손이 항상 살펴 주시고
모든 일을 주 안에서 형통하게 하시네.

작사가는 토마스 치솜(Thomas Chisholm)이라는 미국 감리교 목사입니다. 그는 건강 문제 때문에 목회 사역을 제대로 감당하지 못했지만, 그 인생의 위기 속에서도 한 가지를 분명히 고백했습니다. "자나 깨나 주의 손이 항상 살펴 주신다." 비록 질병이라는 고난을 만났지만, 바로 그 순간 가장 선명하게 주님을 경험하게 되었습니다. 그 손길 덕분에 질병이라는 고난은 그를 무너뜨리는 도구가 되지 못했습니다. 오히려 사망의 음침한 골짜기에서 하나님을 찬양하게 만드는 통로가 되었습니다. 위기의 순간, 주님이 그를 따라와 주시고 지켜 주신 결과입니다.

교회 성도 중에 갑자기 암에 걸리신 분이 계십니다. 오랜 시간 교회를 나오시지 않다가 최근에 다시 나오시게 된 초신자입니다. 예배를 드리고, 믿음을 회복하시면서 참 많이 기뻐하셨습니다. 그러던 중, 전혀 예상치 못한 병을 마주하신 겁니다. 황망한 마음으로 만남을 가졌는데, 오히려 의연한 모습에 놀랐습니다. 그분이 말씀하셨습니다. "비록 암에 걸리긴 했지만, 그보다 먼저 하나님을 다시 만난 것에 더 감사합니다. 매일 성경을 조금씩 읽으면서 기쁨으로 지내고 있습니다." 고통 가운데서도 주님을 향한 기대와 소망이 더 커지고 있다고 고백하셨습니다. 암이라는 위기를 맞이했지만, 그분은 가장 굳게 주님의 손을 붙들고 계셨습니다.

우리가 살아가는 세상은 광야입니다. 언제 어디서든 위기와 어려움이 우리를 덮칠 수 있습니다. 그러나 그 순간, 목자 되신 하나님은 우리 곁을 떠나지 않으십니다. 가장 가까이에, 바로 곁에 서서 우리를 지켜보십니다. 우리를 따라오시며, 위기를 절망으로 끝나지 않게 하십니다. 이런 하나님이 우리의 목자가 되어 주신다면 인생이라는 광야도 걸어 볼 만하지 않겠습니까?

여러분은 지금 어떤 길을 걷고 계신가요? 혹시 사망의 음침한 골짜기를 지나고 있지는 않나요? 두려움 속에서 주님의 손을 놓쳐 버리셨나요? 그러나 꼭 기억하십시오. 우리가 하나님을 놓칠지라도, 하나님은 우리를 절대 놓치지 않으십니다. 특별한 위기의 순간, 하나님은 특별한 보호를 허락해 주십니다. 목자 되신 주님과 함께 걷는다면, 광야는 더 이상 광야가 아닙니다.

우리 힘만으로는 주님을 따를 수 없습니다. 주님의 선하심과 인자하심으로 우리를 따라와 주시는 것입니다. 내 삶에 부족함이 있다고 느껴질 때, 사망의 음침한 골짜기를 걷고 있다고 느껴질 때, 하나님의 열심을 기억하십시오. 그리고 그 열심 안에서 담대하게 살아가시기를 축복합니다.

사랑의 하나님
저는 광야를 걸어가고 있습니다.
그래서 더욱 목자가 필요합니다.
주님이 제 인생에 목자가 되어 주셔서
일상의 필요를 채워 주심을 감사합니다.
제가 주님을 따라가지 못하는 순간에도
주님은 결코 저를 포기하지 않으시고
오히려 저를 따라와 주시니 감사합니다.
주님과 함께라면,
사망의 음침한 골짜기도 걸어 볼 만합니다.
예수님의 이름으로 기도드립니다.
아멘.

3장

행복의 문이 닫혀 있나요?

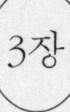

고린도전서 7장 17-24절

고린도전서 7:23-24
너희는 값으로 사신 것이니 사람들의 종이 되지 말라 형제들아 너희는 각각 부르심을 받은 그대로 하나님과 함께 거하라

"헬조선"이라는 말이 유행했던 적이 있습니다. 한국 사회가 워낙 경쟁이 치열하고, 삶이 팍팍하다 보니, 그 현실을 '헬'(hell), 즉 지옥에 빗대어 표현한 것이지요. 그런 분위기 속에서, 한국을 떠나 이민을 선택하려는 사람들이 많았던 시절이 있습니다. 몇 해 전, 취업 전문 사이트 '잡코리아'에서 성인 남녀 4,800여 명을 대상으로 이런 질문을 했습니다. "기회가 된다면 이민을 갈 생각이 있습니까?" 놀랍게도 70퍼센트가 "그렇다"고 응답했습니다. 열 명 중 일곱 명이 기회만 되면 이민을 가겠다고 답했으니 굉장히 높은 비율이지요. 좀 더 여유 있고 행복한 삶을 위해서라면 이민도 마다하지 않겠다고 답한 것입니다. 왜일까요? 그만큼

많은 사람들이 조금이라도 더 나은, 조금이라도 더 행복한 인생을 꿈꾸기 때문입니다.

교회 안에서 분쟁, 무엇이 문제였을까?

고린도전서가 기록되던 무렵, 고린도 교회에는 분쟁과 다툼이 있었습니다. 참 아이러니한 일입니다. 하나님을 믿고 교회에 다닌다는 것은 결국 행복한 삶을 누리기 위함인데, 정작 교회 안에는 행복하지 못한 사람들이 많았던 것입니다. 그 이유는 무엇이었을까요? 고린도전서 7장 18절은 이렇게 말합니다.

> 할례자로서 부르심을 받은 자가 있느냐 무할례 자가 되지 말며 무할례자로 부르심을 받은 자가 있느냐 할례를 받지 말라.

당시 고린도 교회 안에는 할례를 받은 그리스도인들과 할례를 받지 않은 그리스도인들이 함께 있었습니다. 유대인들은 태어나면서부터 할례를 받았고, 그 상태에서 예수를 믿고 그리스도인이 되었습니다. 반면, 이방인들은 할례 없이 예수를 믿고 신앙생활을 시작했습니다. 신앙의 출발점이 서로 달랐던 것입니다.

그런데 바로 이 차이에서 분쟁이 일어났습니다. 유대인 출신 그리스도인들은 주장했습니다. "진짜 그리스도인이 되려면 우리처럼 할례부터 받아야 해." 그러자 이방인 출신 그리스도인들이 반박했습니다. "예수님만 믿으면 되지, 왜 굳이 할례를 받아야 해?" 결국, 할례 문제로 다툼이 생겼습니다. 사실 할례 자체는 좋은 것입니다. 하나님의 백성이 되었다는 표시니까요. 그러나 그 좋은 것 때문에 교회 안에서 갈등이 생겼고, 사람들은 점점 행복을 잃어갔습니다. 행복하고자 교회에 나왔는데, 오히려 교회 때문에 마음이 상하고 신앙생활이 무거운 짐이 되어 버린 것입니다.

오늘날 우리는 어떻습니까? 교회에 다니는 것이, 신앙생활을 하는 것이 정말 힘이 되고 기쁨이 되고 있습니까? 아니면 교회 안에서의 생각의 차이, 관계의 어려움 때문에 오히려 신앙생활이 짐이 되고 있지는 않습니까? 조심스러운 분위기 속에서 서로를 판단하거나 기쁨 없이 신앙생활을 하고 있지는 않습니까? 사도 바울은 "항상 기뻐하라"고 했습니다. 주 안에서 기뻐하는 일은 결코 미룰 수 없습니다. 기쁨과 행복은 지금 회복되어야 합니다. 오늘부터 다시 시작되어야 합니다.

이런 마음으로 본문을 보면서, 오늘부터 행복하게 살기 위해서 필요한 것은 무엇인지 세 가지로 정리해 보겠습니다.

하나님을 바라보는 시선

할례자로 부르심을 받은 자가 있느냐 무할례자가 되지 말며 무할례자로 부르심을 받은 자가 있느냐 할례를 받지 말라(고전 7:18).

앞서 살펴본 대로, 고린도 교회에서는 할례 문제로 분쟁이 있었습니다. 유대인 출신 그리스도인들은 이방인 출신 그리스도인들을 은근히 낮춰 보는 경향이 있었습니다. "우리는 구약 시대부터 하나님의 백성이다. 할례도 받았다. 우리야말로 뼈대 있는 신앙인이다." 이런 자부심이 있던 것이지요. 그러다 보니, 어떤 이방인 출신 그리스도인은 예수를 믿고 세례까지 받았지만, 사람들의 시선을 의식해 다시 할례를 받기도 했습니다. 누군가에게 책잡힐 여지를 없애기 위해서였습니다.

이 말씀을 묵상하다 보면, 마음 한켠에 슬픈 마음이 듭니다. '이런 식으로 신앙생활을 하면 얼마나 피곤할까?' 남의 눈치를 보고, 남의 기대에 맞추어 산다는 것은 너무나 피곤한 일입니다. 결국 의무감만 남고, 절대 행복할 수가 없습니다.

시편 기자는 신앙생활의 본질을 이렇게 고백합니다.

나의 영혼이 잠잠히 하나님만 바람이여 나의 구원이 그에게서 나오는도다 오직 그만이 나의 반석이시요 나의 구원이시오 나의 요새이시니 내가 크게 흔들리지 아니하리로다(시 62:1-2).

신앙생활의 중심은 '하나님을 바라보는 것'입니다. "나의 영혼이 잠잠히 하나님만" 바라볼 때, 흔들리지 않는 평안과 기쁨이 주어집니다. 하지만 고린도 교회에서는 정반대의 일이 나타난 것입니다. 사람을 바라보고, 사람의 눈치를 보고, 사람의 기대를 채우는 것이 신앙의 중요한 기준이 되어 버렸습니다. 바울은 이런 상태를 "사람의 종"이라고 표현합니다(고전 7:23). 하나님을 바라보아야 할 성도가 사람의 기대에 얽매이기 시작하면, 자신도 모르게 '하나님의 종'이 아닌 '사람의 종'이 되어 버립니다.

요한복음에는 향유를 깨뜨리는 막달라 마리아의 이야기가 나옵니다. 예수님이 십자가를 지시기 전, 마리아는 향유 한 병을 주님에게 부어드리며 예수님의 발을 씻겨 드립니다. 그때 제자 중 하나가 말합니다.

제자 중 하나로서 예수를 잡아 줄 가룟 유다가 말하되 이 향유를 어찌하여 삼백 데나리온에 팔아 가난한 자들에게

주지 아니하였느냐 하니 (요 12:4-5)

가룟 유다는 이렇게 말합니다. "왜 그 비싼 향유를 팔아서 가난한 사람을 돕지 않았느냐?" 그러나 막달라 마리아는 주변 시선에 마음을 쓰지 않습니다. 온전히 주님에게 집중합니다. 주님의 필요를 채웁니다. 사람의 기대가 아니라, 주님의 마음에 초점을 맞춘 것입니다.

사실 가룟 유다는 마리아가 향유를 붓는 이유를 전혀 몰랐습니다. 물어보지도 않고, 단지 자신이 본 것만으로 판단했을 뿐입니다. 만약 마리아가 유다의 지적을 듣고 주춤했다면 어떻게 되었을까요? '내가 향유를 예수님에게 부으면 저 사람이 또 트집을 잡겠지? 안 되겠다. 그냥 오늘은 조용히 말씀이나 듣고 집에 가야겠다.' 이렇게 사람에게 신경쓰고, 사람의 기대를 채우려 했다면, 마리아는 헌신의 기쁨과 행복을 누릴 수 없었을 것입니다. 그리고 그녀의 아름다운 이야기도 성경에 기록되지 않았을 것입니다.

우리가 신앙생활에서 회개해야 할 지점이 바로 이 부분입니다. 다른 사람의 말과 행동을 자꾸만 판단하려 하는 것이지요. 상황도, 사연도 모른 채, 내 눈에 보이는 것만으로 단정 짓는 습관입니다. 그런 판단은 공동체를 경직시키고, 사람의 종이 되게 만듭니다.

제가 현재 담임목사로 섬기고 있는 교회에 처음 왔을 때, 겪었던 재미있는 에피소드가 있습니다. 예배를 마치며 축도를 드릴 때, 평소처럼 "축원하옵나이다"라고 기도했습니다. 이전 교회와 노회에서는 그렇게 마치는 것이 일반적이었기 때문입니다. 그런데 그날 한 교인이 저를 찾아와 이렇게 말했습니다. "목사님, 축도는 '있을지어다'라고 마쳐야 합니다. 그것이 성경적입니다." 좋은 뜻에서 하신 말씀이라 생각되어, 그다음 주부터는 "있을지어다"라고 축도했습니다. 그런데 문제는 그다음부터 축도 시간이 부담이 되기 시작한 것입니다. "축원하옵나이다"라는 말이 익숙하다 보니, 자꾸 신경이 쓰였습니다. 축복하는 마음보다 말을 틀리지 않으려 신경을 곤두세우게 되었고, 성도를 축복하는 것보다 문구를 정확히 말하는 데 집중했습니다. 본말이 전도된 것이지요. 세상 속으로 성도를 축복하며 보내는 시간이 전혀 행복하지 못한 순간이 되어 버렸습니다.

진짜 죽고 사는 문제가 아니면 다른 사람을 판단하지 마시기 바랍니다. 내 기준에 상대를 끼워 맞추려 하지도 마십시오. 서로를 판단하고 내 기준을 주장하기 시작하면 사람의 종이 될 수밖에 없습니다. 그렇게 되는 순간, 봉사는 의무가 되고, 관계는 짐이 됩니다. 그리고 결국, 신앙은 기쁨을 잃게 됩니다.

말씀이라는 레일 위에서

할례받는 것도 아무 것도 아니요 할례받지 아니하는 것
도 아무것도 아니로되 오직 하나님의 계명을 지킬 따름
이니라(고전 7:19).

사도 바울은 할례를 받았는지, 받지 않았는지는 중
요하지 않다고 말합니다. 진짜 중요한 것은 하나님의 말씀을 지
키는 일입니다. 우리 삶도 이와 같습니다. 우리는 삶을 좀 더 단순
하게 만들 필요가 있습니다. 이것저것 다 손에 쥐고, 다 붙들려 하
다 보면, 도대체 언제 만족하고 언제 행복할 수 있을까요? 바울은
고린도 교인들에게 이렇게 권면합니다. "할례냐, 무할례냐. 그런
복잡한 문제로 논쟁하지 말고, 단순해져라. 진짜 중요한 것은 하
나님의 계명을 지키는 것이다." 사무엘상을 보면, 엘리 제사장의
아들들과 사무엘이 함께 등장합니다. 성경은 이들의 행동을 다음
과 같이 묘사합니다.

기름을 태우기 전에도 제사장의 사환이 와서 제사 드리
는 사람에게 이르기를 제사장에게 구워 드릴 고기를 내
라 그가 네게 삶은 고기를 원하지 아니하고 날 것을 원하

신다 하다가(삼상 2:15).

제사를 드리기도 전에 제사장은 사환을 보내 고기를 요구합니다. 아니, 제사를 먼저 드리고 나서 고기를 분배하는 것이 순서 아닙니까? 그런데 제사 전에 고기를 달라고 하니 당황스럽습니다. 이유는 더 황당합니다. 제사장이 삶은 고기를 원하지 않고, 구워 먹기 위해 날고기를 원한다는 겁니다. 여기서 엘리의 아들들 안에 있는 타락과 욕망을 봅니다. 삶은 고기는 싫고, 구워 먹어야 하니 날 것을 원하고, 기다리기도 싫습니다. 하고 싶은 것, 채우고 싶은 것, 따라가고 싶은 것이 너무 많습니다. 복잡한 욕망들이 가득한 삶입니다. 하지만 사무엘은 달랐습니다. 단순했습니다. 그는 "여호와여 말씀하옵소서, 주의 종이 듣겠나이다"라고 고백합니다. 끝입니다. 복잡한 것이 하나도 없습니다. 이 단순함이 사무엘을 하나님의 사람, 행복한 사사로 만들어 주었습니다.

용인 에버랜드에 가면 T익스프레스라는 롤러코스터가 있습니다. 56미터 높이까지 올라가는데, 나무로 만든 롤러코스터 중에서는 세계에서 가장 높다고 합니다. 그만큼 짜릿합니다. 그런데 주의사항이 있습니다. 무섭다고 고개를 숙이면 안 됩니다. 중력가속도 때문에 목이나 허리에 무리가 가기 때문입니다. 그렇다고 고개를 들고 타려니 탈선할 것 같아 더 무섭습니다. 그러나 꼭 기억해야 할 것이 있습니다. 아무리 무서워도, 기차는 레일 위에 있을 때 가장 안전하다는 사실입니다.

우리 인생도 마찬가지입니다. 인생이라는 기차는 말씀이라는 레일 위를 달릴 때 가장 안전합니다. 그 레일 위에서 우리는 비로소 안심할 수 있고, 행복할 수 있습니다. 바울이 지금 고린도 교회에 말하고 있는 것도 바로 그것입니다. 할례냐, 무할례냐를 두고 성도가 복잡하게 다투고 있습니다. 그런데 사도 바울은 말합니다. "그건 중요한 게 아니야. 오직 하나님의 말씀을 행하는 것이 중요해. 너희가 붙들어야 할 레일은 하나뿐이다. 말씀이야!" 성도는 말씀을 붙들어야 합니다. 하루에 잠시라도 성경을 읽고, 묵상하고, 순종하는 일이 습관이 되어야 합니다. 그러면 살게 됩니다. 삶이 복잡하지 않습니다. 단순할수록 분명해지고, 단순할수록 행복해집니다.

하나님이 나를 세우신 곳

오직 주께서 각 사람에게 나눠 주신 대로 하나님이 각 사람을 부르신 그대로 행하라 내가 모든 교회에서 이와 같이 명하노라(고전 7:17).

바울은 말합니다. 각 사람에게 나눠 주신 대로, 부르신 그대로 행하라고 말입니다. 무엇을 나누어 주셨습니까? 그것은 바로 부르심입니다. 유대인이냐, 이방인이냐? 할례자냐, 무할례자냐? 이런 정체성은 우리가 선택한 것이 아닙니다. 태어나 보니 유대인이었고, 이방인이었습니다. 이런 것은 하나님이 각 사람에게 나눠 주신 것입니다. 우리 스스로 택한 것이 아니지요. 어떤 자리를 주셨든지 그 자리에 하나님이 나를 세우셨다고 고백하며 살아야 한다는 말씀입니다.

하지만 이 말씀을 받아들이는 건 결코 쉬운 일이 아닙니다. 21절 이하를 보면, 종과 자유인에 대한 이야기가 나옵니다. 당시 로마 제국의 전체 인구 중 노예의 비율은 무려 60퍼센트에 가까웠다고 합니다. 소수의 로마 시민권자를 위해, 다수의 노예와 천민이 존재하는 구조였지요. 그런데 놀랍게도, 그 당시 노예를 인간답게 대했던 유일한 곳이 바로 교회였습니다. 모든 사람이 하나님의 형상대로 지음받았기 때문입니다. 당시로선 굉장히 혁명적인 주장이었습니다. 고린도 교회의 구성도 아마 비슷했을 겁니다. 아마도 교인의 60퍼센트가 노예였을 것입니다. 그리고 그들이 간절히 바랐던 것은 무엇이었을까요? 바로 자유인이 되는 것이었겠지요.

그런데 바울은 여기서 놀라운 주장을 합니다. "부르심 받은 그대로 살아라. 노예인 상태로 예수를 믿고 그리스도인이 되었느냐? 그럼 그 상태 그대로 살아라. 자유할 기회가 오면, 그때는 그것을 사용하라." 결국, 우리의 행복을 결정짓는 것은 외부의 조건이 아니라는 것입니다. 어떤 상황에 있든지, 하나님과 동행하며 그분의 자녀로 살아갈 때, 그것이 바로 성도의 진짜 행복이라는 사실입니다.

창세기에 나오는 요셉을 보십시오. 그는 형들에게 붙들려 애굽에 노예로 팔려 갑니다. 절대로 행복할 수 없는 인생처럼 보였습니다. 하지만 나중에 형들을 다시 만났을 때, 그는 이렇게 고백합니다.

> 당신들이 나를 이 곳에 팔았다고 해서 근심하지 마소서 한탄하지 마소서 하나님이 생명을 구원하시려고 나를 당신들보다 먼저 보내셨나이다 (창 45:5).

요셉은 애굽에서 종으로 살던 어느 순간, 깨달았습니다. '형들이 나를 판 것이 아니라, 하나님이 나를 이곳에 보내셨구나.' 그 순간부터 삶을 바라보는 관점이 달라졌습니다. '이 자리에 나를 보내신 하나님이 나에게 원하시는 것은 무엇일까?' 이때부터 그의 인생이 바뀌기 시작한 것입니다.

남아공의 넬슨 만델라 대통령은 27년간 감옥에 갇혀 있었습니다. 어느 기자가 그에게 물었습니다. "어떻게 그렇게 긴 세월 동안 감옥에서 생존할 수 있었습니까?" 만델라는 이렇게 대답했습니다. "나는 감옥에서 생존한 것이 아닙니다. 나는 준비하고 있었습니다. 남아공이 화해하고 하나 되는 꿈을 꾸며, 그 준비를 하고 있었습니다." 만델라가 그 긴 시간을 버틸 수 있었던 이유는, 바로 그 마음, 그 관점 덕분이었습니다.

성도도 마찬가지입니다. "하나님이 나를 이 자리에 보내셨다"는 마음이 정말 중요합니다. 그 마음이 없으면, 우리는 인생을 굉장히 소극적으로 살게 됩니다. 늘 피하려 하고, 떠날 궁리만 하게 됩니다. 한번 생각해 보십시오. 청년들의 경우, 꼭 취업하고, 결혼하고, 삶이 안정된 이후에만 행복할 수 있을까요? 아닙니다. 취업을 준비하는 중에도, 싱글로 살아가는 중에도, 그리고 여러 상황으로 인해 불안하고 흔들릴 때에도 하나님은 우리와 함께하십니다. 하나님이 우리를 지금 이 자리에 세우셨습니다. 그런데 사탄은 바로 이 부분을 공격합니다. 행복을 끝없이 뒤로 미루게 합니다. "그래, 너도 행복할 수 있어. 그런데 취업하고 나서 행복해져라. 결혼하고 나서 행복해져라. 집을 사고 나서 행복해져라." 이렇게 말이지요. 그렇다면, 도대체 우리는 언제 행복할 수 있을까요?

오늘 우리는 어디에 있습니까? 그 자리가 바로 하나님이 세우신 자리임을 선언하십시오. 어디에 서 있느냐가 행복을 결정하는 것이 아니라, 누구와 함께 서 있느냐가 행복을 결정합니다. 하나님이 부르신 자리임을 믿음으로 선언하는 순간, 그분의 일하심을 보게 됩니다. 그리고 알게 됩니다. 행복의 문이 멀리 있는 게 아니라, 바로 내 옆에 있었다는 사실을요. 함께 그 문을 열어 볼까요?

지금 여러분 가운데 어떤 분은 교회를 다니고, 예수님을 믿고 있음에도 행복하다는 생각이 들지 않을 수 있습니다. 하지만 기억하십시오. 우리 인생의 주권자는 하나님이십니다. 바로 오늘, 이 삶의 현장이 하나님이 우리를 부르신 자리임을 선포합시다. 피하고 싶고, 외면하고 싶은 바로 이 자리에 하나님이 우리를 직접 세워 주셨습니다.

요셉처럼 고백하십시오. "하나님이 나를 이곳에 세우셨습니다!" 이 확신이 진짜 내 안에 생긴다면, 힘들고 어려운 상황 속에서도 낙심하지 않습니다. 오히려 하나님이 어떻게 인도하실까, 어떻게 풀어 가실까를 기대하게 됩니다. 하나님의 섭리를 발견하고, 행복의 문을 여는 힘을 얻게 됩니다. 주 안에서 행복하고, 기뻐하는 것은 나중에 어떤 조건이 다 갖추어졌을 때 가능한 일이 아닙니다. 바로 오늘, 이 순간부터 시작되고 회복되어야 합니다. 지금 이 순간, 하나님으로 인해 행복하다고 고백할 수 있기를 축복합니다.

사랑하는 하나님,
하나님이 저를 이 자리에 세우셨으니,
사람의 기대를 채우며 사는 것이 아니라
하나님의 시선과 마음을 따라 살고 싶습니다.
주님, 요셉처럼 제가 선 자리가
참 힘겨울 때가 있습니다.
그러나 저의 행복을 결정하는 것은
내가 어떤 자리에 있는지가 아니라,
내가 누구와 함께 하는지를 아는 데 있음을 깨닫습니다.
이 믿음을 굳건히 하여
매일 주님과 함께 행복의 문을 열고 싶습니다.
예수님의 이름으로 기도드립니다.
아멘.

4장

누가 나를 위로해 주지?

누가복음 7장 11-17절

누가복음 7장 13-14절
주께서 과부를 보시고 불쌍히 여기사 울지 말라 하시고 가까이 가서 그 관에 손을 대시니 멘 자들이 서는지라 예수께서 이르시되 청년아 내가 네게 말하노니 일어나라 하시매

네가 만약 괴로울 때면 내가 위로해 줄게.

네가 만약 서러울 때면 내가 눈물이 되리.

어두운 밤 험한 길 걸을 때 내가 너의 등불이 되리.

_윤복희, 〈여러분〉 가사 중에서

가수 윤복희 씨가 1979년에 부른 〈여러분〉이라는 노래는 2011년 〈나는 가수다〉(MBC)라는 프로그램에서 가수 임재범 씨가 불러서 다시 한번 전 국민의 큰 사랑을 받게 되었습니다. 저도 그 영상을 본 적이 있는데, 방청석에서 이 노래를 들으며 눈물을 흘리는 많은 사람의 모습이 인상 깊었습니다. 힘든 일

들이 많고, 어려움이 끊이지 않는 요즘 같은 시대에, 한 곡의 노래 가사조차 우리에게 큰 위로가 되어 줄 수 있음을 느낍니다.

그런데, 누군가를 위로한다는 것은 조심스러운 일입니다. 심리학자 메건 더바인(Megan Devine)은 「슬픔의 위로」(반니)라는 책에서 이렇게 말했습니다.

> 슬픔을 당한 사람에게 하루빨리 일상으로 돌아오라고 강요하는 것은 부당하기 짝이 없는 요구이다. 마치 그 사람의 고통을 불편하게 바라보는 구경꾼과 같은 입장이다.

메건은 위로가 필요한 사람에게 "그만 눈물을 닦고 일상으로 빨리 돌아오라"고 말하는 것이 얼마나 부당한지에 대해 경고합니다. 왜냐하면 슬픔에 빠진 사람의 입장에서는, 그 말이 마치 강요처럼 들릴 수 있기 때문입니다. 그에게는 지금 자신이 겪고 있는 아픔이 세상에서 가장 큰 고통처럼 느껴지게 마련입니다. 그러니 그저 객관적인 눈으로 "당신의 슬픔은 이 정도면 충분하다. 이제 그만 슬퍼하고 일상으로 돌아오라"고 말하는 것은 그 어떤 위로도 될 수 없다는 것입니다.

독자를 잃은 어미의 슬픔

오늘 말씀을 보면, 예수님은 장례식을 치르는 일행과 마주치십니다.

성문에 가까이 이르실 때에 사람들이 한 죽은 자를 메고 나오니 이는 한 어머니의 독자요 그의 어머니는 과부라 그 성의 많은 사람도 그와 함께 나오거늘(눅 7:12).

상황을 보면, 한 사람이 죽었습니다. 그 사람은 독자였고, 그의 어머니는 과부였습니다. 이 상황을 상상해 보십시오. 과부에게 외아들은 어떤 존재일까요? 아마도 외아들은 그 어머니의 삶의 유일한 희망이었을 것입니다. 또한 그가 그녀의 인생에서 전부였을 겁니다. 그런 외아들을 잃은 어머니의 마음은 얼마나 큰 슬픔에 잠겨 있었을까요? 어떤 말로도 그 아픔을 위로할 수 없었을 것입니다.

우리도 살아가면서 여러 아픔을 겪습니다. 작은 실망과 상처에서부터 가족의 죽음에 이르기까지, 크고 작은 아픔과 상처를 입게 됩니다. 그럴 때 우리는 위로가 필요합니다. 본문 말씀에서 예수님은 독자를 잃은 과부에게 참된 위로자가 되어 주셨습니다. 예수님은 그녀의 눈물을 닦아 주셨고, 그 슬픔의 근원을 해결해 주셨습니다. 아픔과 상처가 많은 인생길을 걸어가는 우리도 예수님으로부터 참된 위로를 받을 수 있기를 간절히 소망해 봅니다.

이런 마음으로 말씀을 보며, 위로에 대해 묵상한 세 가지를 나누고자 합니다.

세상이 주는 위로의 한계

성문에 가까이 이르실 때에 사람들이 한 죽은 자를 메고 나오니 이는 한 어머니의 독자요 그의 어머니는 과부라 그 성의 많은 사람도 그와 함께 나오거늘(눅 7:12).

12절을 보면, 장례식을 치르는 어머니 옆에는 많은 사람이 있습니다. 먼저는 관을 메고 나오는 사람들이 나옵니다. 아마 친척들이겠지요. 그리고 함께 어우러져 지내던 이웃들도 장례에 동참하며 슬퍼하고 있습니다. 그러나 독자를 잃은 어미에게 이 모든 것이 다 무슨 소용이 있겠습니까?

성경에서는 이 여인을 과부로 묘사합니다. 이 여인도 분명 행복한 가정을 꿈꾸었을 것입니다. 멋진 남편을 만나 백년해로하며, 자녀를 낳아 훌륭하게 키우는 꿈을 가졌을 것입니다. 그러나 현실은 냉혹했습니다. 남편은 일찍 죽었고, 마지막 소망이던 하나뿐인 아들도 죽고 말았습니다.

세상의 그 어떤 것도 비극에 빠진 이 여인을 위로해 줄 수 없었습니다. 우리도 마찬가지입니다. 이 세상 어떤 것도 우리에게 참된 위로를 줄 수 없습니다. 어떤 사람은 좋은 직장에 들어가기만 하면 행복해질 것이라고 생각합니다. 또 어떤 사람은 사랑하는 사람과 결혼만 할 수 있다면 더 이상 바랄 것이 없다고 생각합니다. 또 어떤 사람은 내 집을 장만하기만 하면 행복할 수 있을 거라고 생각합니다. 하지만 그것은 착각일 뿐입니다. 말씀에 나오는 여인처럼, 가졌다고 생각하는 순간, 그것이 사라져 버립니다. 그것이 바로 인생입니다.

솔로몬은 전도서에서 세상의 본질에 대해 다음과 같이 선포합니다.

> 전도자가 이르되 헛되고 헛되며 헛되고 헛되니 모든 것이 헛되도다(전 1:2).

솔로몬은 이 세상에서 인간이 누릴 수 있는 모든 것을 누려 본 사람입니다. 최고의 지혜와 부귀와 쾌락을 맛보았습니다. 그러나 그의 결론은 분명합니다. "헛되고 헛되며 헛되고 헛되니, 모든 것이 헛되도다." 이 세상의 그 어떤 것도 참된 위로가 되지 못하더라는 말입니다.

예전에 참기름 광고를 본 적이 있습니다. 광고 문구가 인상적이었습니다. '진짜 참기름'을 판다고 했습니다. 사실 참기름의 뜻은 진짜 기름이라는 뜻인데, 그 앞에 '진짜'를 붙이니까 어색하지 않습니까? 그런데 거기엔 하나가 더 붙어 있더군요. "100퍼센트 진짜 참기름." 이 문구를 보고 나서는 '참기름'이라고만 적힌 것은 가짜가 아닐까 의심이 들었습니다. 세상에 가짜가 많다 보니, 이렇게까지 광고를 하는 것입니다

마찬가지입니다. 이 세상도 가짜 위로를 제공합니다. 술, 도박, 취미 등 여러 '위로거리'를 제공합니다. 그러나 잠깐의 쉼과 위로는 줄 수 있어도, 본질적인 해결책은 되지 못합니다. 솔로몬의 고백처럼 헛되고 헛되며 헛되고 헛되니 모든 것이 헛됩니다.

실제로 어떤 교인에 관한 이야기입니다. 이분은 똑똑하고 좋은 회사에 다녔습니다. 그런데 어느 순간부터 주식에 빠지고 말았습니다. 단순한 투자가 아니라 생업으로 주식 투자를 했습니다. 회사를 그만두고, 사무실을 얻어 출퇴근까지 했습니다. 입에 항상 '주식'이라는 말을 달고 살았습니다. 기승전 주식. 머릿속이 주식으로 가득 찼습니다. 인생의 유일한 위로가 주식에서 대박을 치

는 것이었습니다. 어떤 때는 생활비 정도의 돈을 벌기도 했습니다. 하지만 결국, 다 잃어버리고 말았습니다. 그뿐만 아니라 가정도 깨지고 모든 것을 잃었습니다.

우리는 누구에게 위로받고 있습니까? 또 무엇에서 위로를 얻고 있습니까? 사도 바울은 이렇게 선포합니다.

> 찬송하리로다 그는 우리 주 예수 그리스도의 하나님이시오 자비의 아버지시오 모든 위로의 하나님이시며 우리의 모든 환난 중에서 우리를 위로하사(고후 1:3-4).

우리가 믿는 하나님은 위로의 하나님입니다. 모든 환난에서 우리를 위로하시는 분입니다. 그 외에 모든것은 잠시 잠깐의 헛된 위로일 뿐입니다.

긍휼에서 흐르는 참된 위로

> 주께서 과부를 보시고 불쌍히 여기사 울지 말라 하시고 (눅 7:13).

예수님은 장례식 무리와 성문 앞에서 마주치셨습니다. 그 자리에서 주님은 사랑하는 아들을 잃은 어머니를 보셨고, 그녀를 깊이 불쌍히 여기셨습니다. 여기서 '불쌍히 여겼다'는 말은 단순한 동정심이 아닙니다. 원어적으로는 '창자가 뒤틀릴 정도로 아파하다'는 의미를 담고 있습니다. NLT성경은 이 장면을 이렇게 설명합니다. "His heart overflowed with compassion."

예수님의 마음은 긍휼로 가득 차 있었고, 그 긍휼은 흘러넘쳐 슬픔에 잠긴 한 여인에게 흘러들었습니다(overflow)! 예수님은 과부에게 무언가를 해주기 전에 먼저 그 여인을 불쌍히 여기시며 그녀의 고통에 깊이 공감하셨습니다. 그녀를 향한 그 넘치는 긍휼이 바로 참된 위로의 시작이었습니다.

오병이어 때도 마찬가지였습니다.

> 예수께서 나오사 큰 무리를 보시고 불쌍히 여기사 그 중에 있는 병자를 고쳐 주시니라(마 14:14).

예수님이 행하신 오병이어 사건은 정말 놀라운 기적입니다. 오천 명이 넘는 사람들이 배불리 먹고도 음식이 남았던, 엄청난 규모의 이적이었습니다. 하지만 그 시작은 아주 단순했습니다. 주님의 마음에 가득했던 긍휼, 바로 그 '불쌍히 여기는 마음'이 기적의 출발점이었습니다. 주님은 무리를 보시고 그들의 굶주림을 외면하지 않으셨습니다. 그 마음이 사람들을 먹이셨고, 남음까지 있게 하셨습니다. 긍휼이 있었기에, 나눔이 일어났고, 그 나눔이 기적을 만들었습니다.

비슷한 이야기가 오늘날에도 있습니다. 서울 정릉에 위치한 '청년밥상문간'이라는 식당은 단돈 3,000원에 푸짐한 김치찌개를 제공합니다. 맛도 좋고, 양도 넉넉하며, 밥은 무한리필이라고 합니다. 이 식당을 운영하는 이는 이문수 신부님입니다. 그가 이 식당을 열게 된 계기는 안타까운 사건 하나였습니다. 2021년, 고시원에서 생활하던 한 청년이 생활고와 지병으로 인해 세상을 떠났고, 며칠이 지나서야 시신이 발견되었습니다. 이 소식을 접한 신부님은 깊은 마음의 아픔을 느꼈고, 누구라도 따뜻한 한 끼를 먹을 수 있는 곳을 만들어야겠다고 결심했습니다. 그렇게 식당을 열게 되었는데, 첫 달부터 수백만 원씩 적자가 났답니다. 당연하지요. 그럼에도 지금까지 식당이 운영될 수 있었던 것은, 함께 돕는 손길들이 있었기 때문입니다.

그런데 식당을 운영하면서 안타까운 사연도 있었습니다. 어느 날, 한 청년이 3,000원을 내고 김치찌개를 먹었는데, 며칠 뒤 다시 찾아와 김치찌개 1,000원어치만 먹을 수 있냐는 말을 하더랍니다. 이 이야기를 듣고는 제 마음도 찡했습니다. 당장 1,000원이 아쉬운 순간이, 누구에게나 찾아올 수 있습니다.

한 청년의 배고픔을 그냥 지나치지 않고, 긍휼의 마음을 품은 한 사람을 통해서, 기적의 식당이 세워진 것입니다. 그리고 지금도 많은 사람이 그 식당을 통해서 '세상은 아직 살만하구나' 하며, 하늘의 위로를 경험하고 있는 것이지요.

찬송가 384장 1절은 이렇게 고백합니다.

> 나의 갈 길 다가도록 예수 인도하시니, 내 주 안에 있는 긍휼 어찌 의심하리요. 믿음으로 사는 자는 하늘 위로 받겠네. 무슨 일을 만나든지 만사형통하리라.

가사에는 "믿음으로 사는 자는 하늘 위로를 받는다"는 고백이 담겨 있습니다. 그런데, 그 앞서 이렇게 노래합니다. "내 주 안에 있는 긍휼 어찌 의심하리요." 그렇습니다. 하나님이 나를 긍휼히 여겨 주시니, 내가 위로를 받을 수 있는 것입니다. 우리가 위로를 받을 수 있는 것은, 우리의 믿음이 크기 때문이 아닙니다. 하나님의 긍휼이 크시기 때문입니다.

여러분, 주님은 지금도 우리를 긍휼이 여기십니다. 우리 삶에 참된 하늘 위로를 베풀어 주시기를 원하십니다. 우리가 해야 할 일은 단 하나입니다. 마음을 여는 것, 그분에게 우리의 마음을 드리는 것입니다. "주여! 이제 더 이상 가짜 위로에 내 마음을 열지 않기 원합니다. 나를 사랑하시고, 나를 긍휼히 여기시는 하나님에게 내 마음을 열고 싶습니다." 이 고백이 우리의 입술에서 흘러나올 때, 하늘의 위로는 시작됩니다.

"울지 말라"고 말할 수 있는 분

13절 말씀을 다시 보겠습니다.

> 주께서 과부를 보시고 불쌍히 여기사 울지 말라 하시고 (눅 7:13).

예수님이 과부를 보시고, "울지 말라" 하십니다. 저는 이 말씀을 묵상하면서 놀랐습니다. 왜냐하면 예수님의 이 말씀은 제가 앞서 소개한 「슬픔의 위로」라는 책에서 말하는 것과는 전혀 다른 방식의 접근이기 때문입니다. 그 책에 따르면, 주님이 외아들을 잃은 과부에게 "울지 말라"고 말해서는 안 됩니다. 그저 옆에 있어 주고, 그 슬픔이 다 흘러나올 때까지 함께 있어주는 것이 최선입니다. 슬퍼하는 자들과 함께 슬퍼해 주는 것, 공감하고 곁에 있어주는 것, 그것이 인간이 할 수 있는 최선입니다. 하지만 예수님은 거기서 멈추지 않으십니다. 공감을 넘어서, 슬픔의 근원을 해결하십니다.

> 가까이 가서 그 관에 손을 대시니 멘 자들이 서는지라 예수께서 이르시되 청년아 내가 네게 말하노니 일어나라 하시매 죽었던 자가 일어나 앉고 말도 하거늘 예수께서 그를 어머니에게 주시니 (눅 7:14-15).

예수님이 관에 손을 대십니다. 상여꾼이 멈춥니다. 그리고 이렇게 말씀하십니다. "청년아, 내가 네게 말하노니 일어나라!" 그러자 죽었던 자가 살아났습니다. "울지 말라"고 하신 말씀이 헛되지 않은 것이지요. 사람은 외아들을 잃은 어머니에게 "울지 말라"고 말할 수 없습니다. 죽은 자를 살릴 수 없기 때문입니다. 우리는 그저 함께 울고, 곁에 있어 주는 것밖에 할 수 없습니다. 그것이 인간의 한계이며, 최선입니다.

그러나 예수님은 다릅니다. 예수님만이 "울지 말라"고 말씀하실 수 있는 분입니다. 그분은 죽음을 이기신 분입니다. 사망 권세를 깨뜨리시고, 죽은 자를 살리시는 능력을 가지신 분입니다. 주님은 단지 위로자가 아니라, 슬픔의 근원을 치유하시는 구원자이

싶습니다. 과부에게 있어서 아픔의 근원은 사랑하는 아들의 죽음이었습니다. 예수님은 사망의 권세를 일시적으로 멈추셨고, 죽음은 삼켰던 자를 도로 내주어야 했습니다. 예수님이 "울지 말라"고 하신 이유가 여기에 있습니다.

이문교 작가의 책 「토닥토닥」(경향비피)을 보면, 이 시대에 필요한 위로의 모습을 그려 줍니다. 책 제목만 보아도 어떤 내용인지 짐작이 갑니다. "토닥토닥", 지친 이의 어깨를 다정히 두드려 주는 것입니다. 그 책에는 이런 문장이 나옵니다.

> 너무 지친 그대가 내게 기대었을 때, 나는 아무것도 해줄 수 있는 게 없어서 그저 말없이 그대의 어깨를 토닥토닥 다독여 주었다.

참 마음이 따뜻해지는 글입니다. 말 그대로 토닥토닥해 주는 글입니다. 그런데 이어지는 문장이 가슴을 아프게 합니다.

> 모든 것을 다 위로해주지는 못해도 책을 읽는 시간만큼은 아무 걱정 없이 편안하기를.

저자가 말하는 위로의 유효기간은 '책을 읽는 시간 동안'이라는 것입니다. 책을 덮으면 그 위로도 사라집니다. 너무 슬픈 위로입니다. 이것이 인간 위로의 한계이며, 인문학이 가진 한계입니다. 예수님처럼 "울지 말라"고 말할 수 없는 이유입니다. 우리는 슬픔을 없애줄 수 없기 때문입니다.

저는 세 아이의 아버지입니다. 아이들을 키우며 자주 느끼는 것이 있습니다. 부모는 자녀를 위해 안타까워하고 눈물 흘릴 수는 있습니다. 하지만 삶을 대신 살아줄 수는 없습니다. 문제를 대신 해결해 줄 수도 없습니다. 그저 옆에 있어주고, 토닥여 줄 뿐입니다. 그래서 저는 더 간절히 기도하게 됩니다. "주님, 제 아이들을 직접 만나 주세요. 슬픔이 가득한 이 시대 속에서 부모의 걱정과 공감을 넘어서, 하나님의 위로와 통치 아래 살아가게 해 주세요."

이런 관점에서 보면, 우리는 하나님을 믿는다고 하면서도, 사실은 인간적인 수준에서만 믿어 온 것이 아닐까요? 내가 이해할 수 있는 만큼만 하나님을 믿고, 내가 공감할 수 있는 정도로만 신앙생활을 해온 것이 아닐까요? 그러나 예수님은 죽은 자도 살리시는 분입니다. 그저 슬픔의 자리에 함께 계신 정도가 아니라, 슬픔의 원인을 없애시는 능력을 가지신 분입니다.

우리의 신앙은 때때로 제한적이고, 하나님이 예비하신 더 깊은 길을 놓치기도 합니다. 그런 점에서 시인 러디어드 키플링

(Rudyard Kipling)의 시는 길을 잃어버린 우리의 모습을 표현한 듯합니다.

> 칠십 년 전,
> 사람들은 이 숲길을 폐쇄했다네.
> 그 후 비바람이 그 길을 다시 망쳐놓아
> 이제는 아무도 모른다네,
> 숲속에 길이 있었다는 사실을.

시인은 말합니다. 70년 전, 숲으로 향하던 길이 끊겼다고요. 그 이후 비바람이 쓸고 지나가고, 시간이 흘렀습니다. 이제는 아무도 그 길의 존재를 기억하지 못합니다. 숲속에 길이 있었다는 사실조차 잊혀졌습니다. 그런데 이것이 바로 오늘 우리의 모습 아닐까요? 우리는 길을 잃었습니다.

"울지 말라" 말씀하시는 하나님. 우리 인생에 단순한 위로가 아니라, 문제의 근원 자체를 고치시는 그 하나님에게로 향하는 길. 혹시, 그 길을 잃어버리진 않았습니까? 혹시 지금, 엉뚱한 길에서 헤매고 있지는 않습니까? 이 책장을 넘기는 시간이, 잊혀진 그 길을 다시 찾아가는 시간이 되기를 바랍니다.

저 역시 한 교회를 섬기는 목사입니다. 감사한 것은 교회에 오시는 분들이 각기 다른 길에서 오셨지만, 결국 한 길을 찾아가고 계시다는 것입니다. 그런 의미에서 교회는 '길을 찾아주는 곳' (Way Finder)입니다.

우리에게 "울지 말라"고 말씀하실 수 있는 유일한 분, 그 예수님을 함께 찾고 동행하는 여정을 지금부터 시작해 보지 않겠습니까?

> 예수께서 이르시되 내가 곧 길이요 진리요 생명이니 나로 말미암지 않고는 아버지께로 올 자가 없느니라(요 14:6).

지금 힘든 일을 겪고 계신가요? 어떤 말로도 위로가 되지 않는 깊은 상처 속에 계신가요? 이 시간, 다시 한번 예수님에게 여러분의 마음을 활짝 열 수 있기를 바랍니다. 그리고 이렇게 기도해 보면 어떨까요? "예수님, 인간의 위로와 공감을 넘어, 제 마음을 치유하고 다스려 주옵소서. 과부에게 하셨던 것처럼, 저에게도 말씀하여 주옵서서. 울지 말라!" 이 기도와 고백이 우리 모두의 것이 되기를 소망합니다.

그리고 한 가지만 기억하십시오. 오직 우리에게 참된 위로를 주실 수 있는 분은 예수님뿐입니다.

위로의 하나님,
당신은 나에게 "울지 말라"고 말씀하실
유일한 분이십니다.
사람에게 기대며 사람의 위로를 구하다가
상처받고 실망하는 자가 아니라,
당신께 기대며 하늘 위로를 받는 자가 되고 싶습니다.
이 두 갈래 길에서 주님을 선택하겠습니다.
그리고 위로받은 자에 머무르지 않고,
위로하는 자로 살아갈 용기를 주옵소서.
예수님의 이름으로 기도드립니다.
아멘.

오늘도 예수님은 우리 인생의 우물가로 찾아오십니다.
그리고 해갈의 기쁨을 주십니다.
우물이 아닌 흐르는 강물로 부어 주십니다.
공허하고 메마른 삶,
그 누구도 채울 수 없었던 갈증 가득한 인생이
예수님이 주시는 생수로 인해
한없이 풍성한 삶으로 변화됩니다.

PART 2

·

그들도 우리처럼
위로가 필요했다

5장

38년 된 병자, 참된 희망이 된 위로

요한복음 5장 1-9절

요한복음 5장 3절
그 안에 많은 병자, 맹인, 다리 저는 사람, 혈기 마른 사람들이 누워 물의 움직임을 기다리니

"거짓된 희망으로 오히려 괴로움을 주는 행위." 이것은 '희망 고문'의 사전적 정의입니다. '희망'과 '고문', 이 두 단어의 조합은 어딘가 어색하게 느껴집니다. 왜냐하면, '희망'은 기대와 소망을 뜻하는 반면, '고문'은 아픔과 고통을 떠올리게 하기 때문입니다. 하지만 우리는 '희망 고문'이라는 표현을 자주 사용합니다. 그만큼 우리의 삶에는 모순이 많고, 마음을 힘들게 하는 일도 많기 때문입니다.

축제 뒤에 감춰진 슬픔

요한복음 5장을 보면, 예수님께서 유대인의 명절을 맞아 예루살렘에 올라가시는 장면이 나옵니다. 절기마다 예루살렘은 순례자와 예배자로 북적입니다. 성 안은 축제의 분위기로 가득하고, 설렘과 희망을 간직한 사람들로 붐빕니다. 그런데 성경은, 그 화려한 절기 이면에 감춰진 절망과 고통의 현실을 보여 줍니다.

> 예루살렘에 있는 양문 곁에 히브리말로 베데스다라 하는 못이 있는데 거기 행각 다섯이 있고 그 안에 많은 병자, 맹인, 다리 저는 사람, 혈기 마른 사람들이 누워 물의 움직임을 기다리니(요 5:2-3)

예루살렘에는 여러 개의 문이 있습니다. 그중 하나가 '양문'인데, 이는 희생 제사에 사용될 양을 사고팔던 시장이 인접해 있어 붙여진 이름입니다. 양문 곁에는 '베데스다'라 불리는 연못이 있었고, 그 주변에는 다섯 개의 행각이 있었습니다. 그 행각 안에는 수많은 병자가 머물고 있었습니다.

베데스다 연못가의 분위기는 예루살렘의 다른 지역과는 전혀 다릅니다. 한쪽에서는 절기와 축제로 인해 찬양과 기쁨이 넘치지만, 다른 한쪽, 바로 베데스다 주변에서는 병자들이 많이 누워 있습니다. 예루살렘 성전에서는 희망과 감사의 축제가 열리지만, 베데스다에서는 눈물과 한숨의 축제가 펼쳐집니다. 희망과 고통이 공존하는 곳, 그곳이 바로 베데스다입니다. 하지만 이들은 단지 그 자리에 머물러 있는 것이 아닙니다. 그들은 '물의 움직임'을 기다리고 있었습니다. 4절에 그 이유가 나옵니다.

> 이는 천사가 가끔 못에 내려와 물을 움직이게 하는데 움직인 후에 먼저 들어가는 자는 어떤 병에 걸렸든지 낫게 됨이러라(요 5:4).

베데스다 연못은 아마 지하수의 간헐적 분출로 인해 물결이 이는 자연 현상이 있었던 것으로 보입니다. 꽤 신기한 일이었겠지요. 그런데 시간이 지나면서 사람들의 설명과 기대가 덧붙여졌습니다. "가끔 천사가 내려와 물을 움직인다더라. 그때 가장 먼저 물에 들어간 사람은 어떤 병이든 낫게 된다더라." 이런 이야기들이 사람들의 입을 통해 온 성 안으로 퍼져 나갔고, 결국 많은 병자가 그 못 주변으로 몰려들었습니다. 사람들은 행각에 자리를 잡고, 오직 물이 움직이기만을 기다립니다. 그렇게 베데스다는 북적이는 장소가 되었고, 본문에 등장하는 인물도 그 가운데 한 사람이었습니다.

그는 무려 38년 동안 병을 앓아 온 사람이었습니다. 언제부터 그 행각에 머물렀는지는 알 수 없지만, 확실한 것은 스스로 일어날 수 없었고, 누군가의 도움이 없이는 물속에 들어갈 수조차 없는 상태였다는 점입니다. 그러니 아무리 물이 움직여도, 그가 먼저 들어가는 일은 불가능에 가까웠습니다. 그야말로 그에게 베데스다는 희망 고문의 장소였습니다. '혹시나 이번에는……' 하는 마음으로 그 자리에 남아 있지만, 정작 희망은 다가갈 수 없는 거리에서 그를 조롱하고 있었습니다. 희망을 품고 살아가는 것 자체가 오히려 상처가 되고, 고문이 되어 버린 것입니다.

'베데스다'라는 이름은 '자비의 집'이라는 뜻입니다. 그러나 실제 모습은 자비와는 거리가 멉니다. 평소에는 함께 지내던 사람들도, 물이 한번 동하기만 하면 서로를 밀치고, 짓밟고, 먼저 들어가기 위해 달려듭니다. 이름은 자비의 집이지만, 현실은 무자비한 집입니다. 특히 38년 된 병자에게 베데스다는 '포기의 집', '차별의 집'이었습니다. 그곳은 소망이 있는 것처럼 보였지만, 오히려 더 큰 절망을 안겨 주는 곳이었습니다. 희망이 고문이 되는 장소, 그 이름이 바로 베데스다입니다.

저는 베데스다가 꼭 우리네 인생 같다는 생각을 해 봅니다. 누구나 행복하기를 원합니다. 축제 같은 삶을 꿈꿉니다. 하지만 현실은 그렇지 않습니다. 베데스다의 병자들처럼, 우리 삶에도 문제와 상처, 아픔이 고스란히 녹아 있습니다. 그러다 시간이 지나면 어느 순간, 우리도 모르게 포기하며 살아가게 됩니다. 절망이 삶의 일부가 되어 버리는 것이지요.

요한복음 5장에서 예수님은 그런 삶을 멈추게 하십니다. 희망이 고문으로 끝나지 않도록, 진짜 소망과 비전으로 바꾸어 주십니다. 또 동일한 은혜를 우리가 모두 누렸으면 하는 마음이 간절합니다. 이제, 희망 고문을 멈추게 하시는 예수님에 대해 세 가지로 함께 묵상해 보려 합니다.

절망의 자리, 걸음을 멈추신 예수님

> 그 후에 유대인의 명절이 되어 예수께서 예루살렘에 올라가시니라(요 5:1).

유대인의 명절이 되었습니다. 예수님도 예루살렘으로 올라가십니다. 목적지는 어디였을까요? 당연히 예루살렘 성전일 것입니다. 하지만 예수님은 성전에 가는 길, 양문을 통과하시다가 걸음을 멈추십니다. 그리고는 베데스다 연못으로 향하십니다. 그곳에서 38년 동안 절망 속에 살아온 한 사람을 만나 주십니다. 그냥 지나쳐도 누구 하나 뭐라 하지 않을 사람, 그 누구도 신경 쓰지 않을 사람, 희망을 품는 것 자체가 고통이 되어 버린 사람, 주님은 바로 그를 찾아오셨습니다.

창세기를 보면, 아담과 하와가 하나님의 명령을 어기고 선악과를 따먹습니다. 선악과는 단순한 과일이 아니라, 창조주와 피조물 사이의 경계를 상징하는 기준점이었습니다. 선과 악의 기준은 오직 하나님에게 속한 것이지만, 아담과 하와는 그것을 넘보며 자신도 하나님처럼 그 기준을 세우겠다고 나선 것입니다. 이것이 성경이 말하는 죄입니다. "내 인생에 아무도 간섭하지마. 내 생각, 내 능력, 내 방식으로 살아갈 거야." 선악과를 먹은 인간의 내면에는 이런 태도가 자리합니다. 피조물이 스스로를 창조주로 둔갑시키려 한 것이지요. 그런데 그때 하나님은 아담과 하와를 어떻게 대하십니까? 만약 제가 하나님이었다면, "그래, 네 마음대로 살아봐라. 어떻게 되는지 보자" 하며 관계를 끊어 버렸을지 모릅니다. 하지만 하나님의 반응은 전혀 달랐습니다.

> 그들이 그날 바람이 불 때 동산에 거니시는 여호와 하나님의 소리를 듣고 아담과 그의 아내가 여호와 하나님의

> 낯을 피하여 동산 나무 사이에 숨은지라 여호와 하나님
> 이 아담을 부르시며 그에게 이르시되 네가 어디 있느냐
> (창 3:8-9).

하나님은 불순종하고 숨어버린 아담과 하와를 직접 찾아오셨습니다. "네가 어디 있느냐?" 하나님은 그들을 버려두지 않으셨습니다. 오히려 먼저 다가오시고, 이름을 불러 주셨습니다. 하나님의 찾아오심, 바로 거기서부터 구원과 회복이 시작됩니다.

대부분의 종교는 인간이 수행하고 수고하여 경지에 도달해야 한다고 말합니다. 예를 들어, 불교는 덕을 쌓으면 다음 생애에 더 나은 인생으로 태어난다고 가르칩니다. 이것이 하나님 없는 종교의 결론입니다. 그러나 기독교는 전혀 다른 메시지를 전합니다. 기독교는 하나님이 인간을 찾아오신다고 말합니다. 하나님이 성육신하셨습니다. 예수님을 보십시오. 예루살렘 성전으로 향하는 길에서 그 걸음을 멈추십니다. 그리고 베데스다, 절망과 좌절이 가득한 그 자리에 찾아오십니다. 걸음을 멈추시는 하나님, 찾아오시는 하나님, 바로 그분으로 인해 구원과 치유가 시작됩니다.

그리스 신화에 시지프스라는 거인이 나옵니다. 그는 신의 노여움을 사게 되어 벌을 받습니다. 그 벌은 큰 돌을 산꼭대기까지 밀어 올리는 일이었습니다. 거인 입장에서는 가벼운 벌 같았지

만 그렇지 않았습니다. 그 돌은 정상에 다다르면 다시 굴러떨어지고, 그는 또다시 그 돌을 밀어야 했습니다. 끝없는 반복이었습니다. 고대 그리스인들은 이것을 인생이라고 보았습니다. 아무리 노력해도 다시 제자리이고, 무언가를 이룬 것 같지만, 결국엔 허망함만 남습니다. 희망을 품는 것조차 고통이 되는 삶, 수고와 애씀의 반복인 것이지요.

그러나 성경의 세계관은 다릅니다. 인간이 바위를 올리는 것이 아니라, 하나님이 내려오십니다. 아브라함을 찾아 내려오시고, 이스라엘 백성의 부르짖음을 들으시고 모세를 부르셨습니다. 출애굽의 하나님은 스스로를 나타내시는 하나님입니다.

그 하나님이 오늘, 당신의 마음을 두드리고 계십니다. 사는 것이 고문처럼 느껴질지라도, 하나님은 그 인생 가운데 찾아오십니다. 그분의 찾아오심으로 우리의 절망은 끝이 나고, 새로운 시작이 열립니다.

주님의 질문 앞에서

예수께서 그 누운 것을 보시고 병이 벌써 오래된 줄 아시고 이르시되 네가 낫고자 하느냐 병자가 대답하되 주여 물이 움직일 때에 나를 못에 넣어 주는 사람이 없어 내가 가는 동안에 다른 사람이 먼저 내려가나이다(요 5:6-7).

예수님은 병자에게 묻습니다. "네가 낫고자 하느냐?" 그런데 그는 엉뚱한 이야기를 늘어놓습니다. 다른 사람을 탓합니다. "물이 움직일 때, 나를 못에 넣어 줄 사람이 없습니다." 자신이 여전히 병든 이유를, 주변 사람들의 무정함 탓으로 돌립니다.

만약 이 병자가 열 살 무렵 병에 걸렸다면, 예수님을 만날 당시 그의 나이는 마흔여덟 살쯤 되었을 것입니다. 스무 살에 병에 걸렸다면, 예순 살에 가까웠겠지요. 38년이라는 시간은 그의 인생에서 거의 전부였습니다. 병은 단순한 아픔이 아니라, 그의 삶 자체가 되어 있었습니다. 그는 환자로 살아가며 베데스다 연못 곁에서 언제 물이 움직이려나 바라보며 기다렸을 것입니다. 동시에, 자신을 연못에 넣어 주지 않는 사람들을 원망하며 시간을 보냈습니다. 그렇게 그는 인생의 많은 시간을 남 탓하며 허비한 것입니다.

하지만 예수님은 그에게 단 한 가지를 물으십니다. "네가 낫고자 하느냐?" 이 질문은 단순한 의학적 회복의 뜻이 아닙니다. "내가 너를 고치고 싶은데, 너는 낫고자 하는 마음이 있느냐? 나와 함께 회복된 인생을 살아가고자 하는 기대가 있느냐?" 주님은 그 기대가 있는 자를 외면하지 않으십니다. 고치시고 회복시키실 준비를 하십니다. 그리고 먼저 이렇게 물으십니다. "네가 낫고자 하느냐?" 우리도 이 질문 앞에 서야 합니다.

진짜 절망은 병이나 환경이 아니라, 하나님에 대한 기대감이 사라진 상태입니다. 우리도 마찬가지입니다. 우리의 진짜 문제는 '내 인생이 이 모양인 건 다른 사람 탓이야'라고 생각하는 그 마음입니다. "어릴 적 환경이 안 좋았고, 재능도 없고, 부모도 안 도와줬고, 그래서 이렇게 살고 있는 거야!" 모두 외부의 탓입니다. 그런데 주님은 말씀하십니다. "다른 사람 보지 말고, 나를 똑바로 봐라. 내가 너를 낫게 하고, 너와 새로운 인생을 시작하려고 한다. 네가 정말 낫고자 하느냐?" 이 질문에 어떻게 대답하시겠습니까?

〈트레이서〉(MBC)라는 드라마를 본 적이 있습니다. 주인공은 회계사였다가 국세청으로 이직해 팀장이 됩니다. 그런데 그가 맡은 팀은 조용히 은퇴만 기다리는 무기력한 사람들의 모임이었습니다. 주인공은 첫 출근하며 팀원들에게 이렇게 선전포고합니다. "제가 한때 막장 소리 듣던 회계사였거든요. 그때 제일 상대하기 쉬웠던 사람들이 누구일 것 같아요? 바로 여러분 같은, 자존심도 자부심도 없고, 하다못해 출세욕도 없는 사람들이었어요. 저는요. 지는 팀은 싫습니다." 여기에서 주인공이 질책하는 것이 무엇입니까? 이 말이 강하게 들릴 수 있지만, 문제의 본질을 꿰뚫고 있습니다. 꿈 없이, 기대 없이, 아무 열정 없이 살아가는 것이 진짜 문제라는 것이지요. 이 말을 성도의 삶에도 적용할 수 있습니다. 우리는 하나님에 대해 어떤 기대를 가지고 있습니까? 우리는 주님 앞에서 어떤 꿈, 어떤 회복, 어떤 소망을 가지고 살아가고 있습니까? 주님은 지금 우리에게 물으십니다. "네 인생이 정말 회복되기를 원하느냐? 네 가정이 다시 일어서기 원하느냐? 희망을 품는 것이 고문이 아니라 기쁨이 되는 삶을 살기 원하느냐?"

목회자도 예외는 아닙니다. "주일 30분의 설교가 성도를 살리고, 가정을 살리고, 교회를 살리는 하나님의 능력 됨을 믿느냐? 정말 그렇게 되기를 바라고 있느냐? 그 열망이 마음속에 가득한가?" 이 질문 앞에 "그렇다"라고 답할 수 있어야 합니다. 38년 된 병자는 그런 기대감이 없었습니다. 바로 앞에 예수님을 두고도, 이렇게 말합니다. "나를 물에 넣어 줄 사람이 없어서 제 인생이 이 모양입니다." 이 말은 예수님에 대한 모독입니다.

예수님은 그에게, 그리고 우리에게 말씀하십니다. "진짜 절망의 원인은 외부에 있지 않다. 내가 네 앞에 있는데도 아무 기대 없이 살아가는 너의 마음이 진짜 문제다." 지금도 주님은 묻고 계십니다. "네가 낫고자 하느냐?" 절망의 원인을 사람에게, 환경에 돌리지 맙시다. 지금도 우리와 함께하시며, "내가 너를 낫게 하겠다"고 말씀하시는 주님에게 기대하는 마음으로 응답합시다. 그때, 회복이 시작될 것입니다.

다시 걷게 하시는 예수님

예수께서 이르시되 일어나 네 자리를 들고 걸어가라 하시니(요 5:8).

예수님이 38년 된 병자에게 명령하십니다. "일어나라, 네 자리를 들어라, 걸어가라." 영어 성경(NLT)은 이렇게 번역합니다. "Stand up, pick up your mat, and walk." 굉장히 명쾌한 명령입니다. 그는 선포된 예수님의 말씀에 순종했습니다. 그때 역사가 일어납니다. 사탄이 주는 큰 공격 중 하나는, 희망을 품는 것조차 고문처럼 느껴지게 만드는 것입니다. "지금 이렇게 한들 뭐가 달라지겠어?" "내가 바뀐다고, 세상이 달라질까?" 절망의 생각을 끊임없이 불어넣습니다. 그럴 때 성도는 말씀 앞에 서야 합니다. 내 마음, 내 상황을 기준 삼지 않고, 나를 압도하는 하나님의 말씀 앞에 정직하게 서야 합니다. 왜 낙심하고, 왜 절망합니까? 말씀이 없고, 말씀에 대한 순종이 없기 때문입니다.

얼마 전 한 성도님이 예배 후에 찾아오셨습니다. 환한 얼굴로 이렇게 말씀하셨습니다. "목사님, 설교 듣고 바로 순종했어요!" 갑작스러운 말에 제가 되물었습니다. "도대체 어떤 순종을 하셨지요?" 들어보니, 그 성도님은 몇 주 전부터 관계가 껄끄러웠던 분이 있었답니다. 그런데 그날 제가 전한 설교에서 "서로를 긍휼히 여겨야 한다"는 적용 말씀이 있었습니다. 예배가 끝나자마자, 그분은 곧장 그 상대를 찾아가 미안함을 전하고, 화해의 악수를 청했습니다. 이야기를 나누며 서로의 상황을 이해하게 되었고, 관계가 회복되었다는 기쁨을 전해주셨습니다. 말씀에 단순하게 순종했더니, 새로운 길이 열린 것입니다. 용서와 화해, 이해와 회복의 문이 열렸습니다.

개인적으로도 저는 올해 교회로부터 3개월의 안식월을 받았습니다. 지난 7년간 담임목사로서 정신없이 달려왔습니다. 성도를 심방하고, 교회를 파악하고, 필요한 사역과 훈련들을 세우며 달려온 시간이었습니다. 그렇게 어느새 7년이 지나갔습니다. 쉼과 재충전의 시간이 필요했는데, 교회가 안식월을 허락해 주었습니다. 안식월이 끝나면, 다시 2기 사역이 시작됩니다. 그런데 마음 한켠엔 이런 고민이 들었습니다. '내가 또 무엇을 더 할 수 있을까?' 그때 한 찬양이 떠올랐습니다.

전능하신 나의 주 하나님은
능치 못하실 일 전혀 없네.
우리의 모든 간구도 우리의 모든 생각도
우리의 모든 꿈과 모든 소망도

주의 말씀 의지하여 깊은 곳에 그물 던져

오늘 그가 놀라운 일을 이루시는 것 보라.

주의 말씀 의지하여 믿음으로 그물 던져

믿는 자에게 능치 못함 없네.

〈전능하신 나의 주 하나님은〉

이 찬양을 묵상하며 생각했습니다. '그래, 뭘 더 할지 고민하지 말고, 하루하루 순종하며 살아가자. 내가 전능하려고 하지 말고, 전능하신 하나님을 따라가자. 주님에게 순종하면, 주님이 책임지신다.' 그렇게 마음이 정리되자, 오히려 자유함이 찾아왔습니다.

하나님의 말씀에 순종할 때, 우리 인생 속 희망 고문은 끝이 납니다. 주의 말씀을 의지하여 인생의 그물을 내릴 때, 우리 삶 속에서 주님이 이루시는 진짜 소망을 발견하게 됩니다. 이 소망을 가지고 오늘 우리가 던져야 할 그물은 무엇입니까? 말씀에 대한 단순한 순종이 우리 삶 속에 놀라운 일을 만들어 낼 것입니다. 순종의 그물을 던지는 자는, 희망을 고문이 아니라, 기대와 성취로 맞이하게 될 것입니다.

하나님,

희망을 갖는 것이 때로는 고문처럼 느껴집니다.

그러나 진정한 절망은 하나님을 향한 기대와

열망조차 없는 제 자신입니다.

주님!

저는 낫고자 합니다.

주의 말씀 의지하여

다시 한번 인생의 그물을 던지겠습니다.

다시 도전하겠습니다.

그리고 주님과 함께 만선의 꿈을 다시 꾸고 싶습니다

예수님의 이름으로 기도드립니다.

아멘.

6장

사마리아 여인,
목마름이 해갈되는 위로

요한복음 4장 1-14절

> 요한복음 4장 11절
> 여자가 이르되 주여 물 길을 그릇도 없고 이 우물은 깊은데 어디서 당신이 그 생수를 얻겠사옵나이까

영화를 보면, 종종 망망대해에서 뗏목을 타고 표류하는 장면이 나옵니다. 주인공은 몹시 목이 마르지만 마실 물이 없어 고통스러워합니다. 온 세상이 물인데, 마실 물이 없습니다. 바닷물은 염분이 가득해서, 벌컥벌컥 마셨다가는 오히려 탈수 증상이 더 심해집니다. 그런데 어느 순간 비가 내리기 시작합니다. 주인공은 손바닥을 펼쳐 비를 받아 마시며 외칩니다. "살았다!" 그가 환호하는 이유는 단 하나입니다. 이제서야 마실 수 있는 '물'이 생겼기 때문입니다. 결국, 아무리 물이 많아도 마실 수 없다면 아무 소용이 없습니다.

2023년, 미국의 한 보건 단체가 성인 1,300여 명을 대상으로 '중

독'에 대한 설문 조사를 했습니다. 그중 무려 66퍼센트가 자신이나 가족이 알코올, 마약 등에 중독되었거나, 그로 인해 응급실을 방문하고, 입원하거나, 노숙한 경험이 있다고 답했습니다. 놀라운 수치입니다. 중독은 이제 보편적인 문제가 되었습니다. 우리가 사는 세상은 즉각적인 쾌락을 줍니다. 알코올, 마약, 도박 등이 대표적인 예입니다. 잠시 괜찮은 듯 보입니다. 하지만 그것을 받아들이는 순간, 소금물을 들이킨 것처럼 더 깊은 갈증이 시작됩니다. 돌아서면 또 목마릅니다. "조금만 더, 조금만 더……" 하다 보면, 어느새 중독되어 버립니다. 결코 해갈은 없습니다.

도무지 채워지지 않는 공허함

요한복음 4장에서 예수님은 사마리아를 방문하십니다. 사마리아에는 독특한 역사적 배경이 있습니다. 솔로몬 왕 이후에 이스라엘은 북이스라엘과 남유다로 나뉘게 됩니다. 이후 북이스라엘은 앗수르에 의해 멸망당했고, 앗수르는 북이스라엘을 정복하고 나서, 수도인 사마리아로 이방인들을 이주시킵니다. 이방인들과 더불어 살며, 결혼도 하고, 종교도 받아들이게 된 것입니다. 그 결과, 사마리아는 이스라엘이라는 민족성도 희미해지고, 종교도 혼합되어 버립니다. 이렇게 되자, 정통 유대인은 사마리아인을 무시했습니다. 이등 시민처럼 취급하며, 그들과 상종조차 하지 않으려 했습니다. 이것이 사마리아 사람들의 겪는 아픈 현실이었습니다. '우리는 버림받은 존재일까?' '하나님도 우리를 잊으신 건 아닐까?' 그들 안에는 채워지지 않는 영적 공허함이 깊게 자리 잡고 있었습니다.

그런데 예수님이 바로 그 사마리아 땅에 가십니다. 그리고 '수가'라는 작은 마을에서 한 여인을 만나십니다. 이 여인은 가정의 아픔과 상처를 안고 살아가던 인생이었습니다. 사람들의 시선과 수군거림을 피해, 한낮에 물을 길러 나온 외로운 여인이었습니다. 예수님은 그 여인을 먼저 찾아가십니다. 그리고 그녀의 목마른 인생에 진정한 해갈을 주십니다. 이것이 본문의 핵심 주제입니다.

우리 인생에도 목마름이 있습니다. 아무리 채우려 해도 채워지지 않는 공허함이 있습니다. 불안이 밀려오고, 염려는 끊이지 않습니다. 세상의 것으로, 사람의 인정으로, 무언가로 채워 보지만 전히 목마릅니다. 그러나 예수님을 만나면, 그 목마름이 해갈됩니다. 염려는 평안으로, 불안은 확신으로, 상처는 회복으로 바뀝니다. 우리가 살아가며 누릴 수 있는 가장 큰 복은 바로 예수님을 만나고, 그분과 동행하는 삶입니다. 그렇다면, 우리의 공허함을 해갈해 주시는 예수님은 어떤 분이실까요?

환호의 자리를 떠나신 예수님

예수께서 제자를 삼고 세례를 베푸시는 것이 요한보다 많다 하는 말을 바리새인들이 들은 줄을 주께서 아신지라(예수께서 친히 세례를 베푸신 것이 아니요 제자들이 베푼 것이라) 유대를 떠나사 다시 갈릴리로 가실새(요 4:1-3).

예수님이 세례를 베푸시고 제자를 삼으신 수가 세례 요한보다 많아졌다는 소문이 돌았습니다. 그 소식을 바리새인들도 듣게 되었습니다. 물론, 예수님이 직접 세례를 베푸신 것은 아니고, 제자들이 행한 것도 포함된 수였습니다. 이제 세례 요한의 시대는 저물고, 예수님의 시대가 열린 것입니다. 바리새인들에게 세례 요한은 눈엣가시 같은 존재였습니다. 하지만 그에게 함부로 하지는 못했습니다. 왜냐하면 그는 사가랴 제사장의 아들이었고, 아비야 계열의 제사장 가문, 곧 명문 제사장 집안 출신이었기 때문입니다. 그러나 예수님은 달랐습니다. 일개 목수의 아들이자, 갈릴리 시골 출신이었습니다. 그런 예수가 단기간에 세례 요한보다 더 많은 추종자를 모으고 있다는 소식은, 바리새인들에게 꽤 자극적인 뉴스였습니다. 예수님은 단번에 유대 사회의 스타가 되었습니다. 요한의 사역을 넘어섰고, 사람들의 환호와

칭송을 받기 시작했습니다.

그런데 바로 그 순간, 예수님은 환호의 자리를 떠나십니다. 주님은 대중의 환호와 칭찬에 길들여지기를 원치 않으셨기 때문입니다. 만일 그 자리에 머문다면, 더 큰 환호, 더 많은 칭찬을 갈망하게 될 것이기 때문입니다. 계속해서 목말라지게 되고, 다시는 헤어나올 수가 없을 것입니다. 그래서 주님은 처음부터 그 자리를 피하신 것입니다. 비슷한 장면이 오병이어 사건에서도 나옵니다.

> 예수께서 즉시 제자들을 재촉하사 자기가 무리를 보내는 동안에 배를 타고 앞서 건너편으로 가게 하시고 무리를 보내신 후에 기도하러 따로 산에 올라가시니라 저물매 거기 혼자 계시더니 (마 14:22-23).

오병이어 사건은 주님의 공생애 가운데 일어난 가장 큰 기적 중 하나였습니다. 물고기 두 마리와 보리떡 다섯 개로 오천 명이 넘는 무리를 먹이셨습니다. 사람들은 예수님을 유대의 왕으로 삼으려 했습니다. 먹고사는 문제를 해결해줄 존재로 여긴 것입니다. 하지만 주님은 즉시 제자들을 떠나보내시고, 자신은 혼자 산으로 올라가 기도하셨습니다. 환호의 자리를 피해, 기도의 자리로 가신 것입니다.

왜 그러셨을까요? 그것은 환호와 칭찬이 소금물과 같기 때문입니다. 마시면 잠시 시원하지만, 이내 더 강한 갈증을 불러옵니다. 더 큰 인기, 더 많은 인정, 더 깊은 칭찬을 갈망하게 됩니다. 결코 해갈되지 않습니다. 주님은 이 사실을 누구보다 잘 아셨습니다. 우리도 마찬가지입니다. 세상은 가짜 기쁨으로 가득합니다. 게임, 마약, 음란물……, 현실의 기쁨을 가로채는 대체품입니다. 게임은 땀 흘리며 살아갈 현실 대신, 가상의 승리에 몰입하게 합니다. 마약은 일상의 소소한 기쁨을 무시하게 만들고, 단번에 최고조의 쾌락만을 찾게 만듭니다. 음란물은 부부 안에서 누려야 할 소중한 성을 손쉬운 쾌락의 수단으로 전락시켜 버립니다.

세상에는 가짜들이 가득합니다. 기쁨대신 쾌락을 선택하라고 부추깁니다. 예수님은 이 점을 분명히 아셨기에, 그 모든 환호의 자리를 피하신 것입니다.

우리는 지금 무엇에 목말라 있습니까? 사람들의 인정입니까? 칭찬입니까? 돈입니까? 기억하십시오. 그런 것들로는 우리의 깊은 갈증을 해갈할 수 없습니다. 소금물을 마셔 갈증을 풀 수 없는 것처럼 말입니다. 성 아우구스티누스는 이렇게 말했습니다.

> 인간의 마음속에는 하나님만이 채울 수 있는 절대적 공간이 있다.

정확한 통찰입니다. 우리네 마음 깊은 곳, 그곳은 하나님만이 채우실 수 있는 자리입니다. 다른 무엇으로도 대체되지 않습니다. 그럴수록 더 목마르고, 더 공허해질 뿐입니다.

경계를 넘어 오시는 예수님

> 유대를 떠나사 다시 갈릴리로 가실 새 사마리아를 통과하여야 하겠는지라 (요 4:3-4)

보통 유대인들은 사마리아를 부정한 땅, 부정한 사람들이 사는 곳이라 여겼습니다. 그래서 여행을 할 때 사마리아 지역을 피해서 우회로를 택하곤 했습니다. 그러나 예수님은 유대를 떠나 갈릴리로 가실 때, 그 땅을 일부러 통과하셨습니다. 주님은 관습이나 편견에 따라 우회하지 않으셨습니다. 유대인의 관습과 경계를 넘어, 사마리아의 작은 마을 '수가'에 도착하신 것입니다. 수가성은 가버나움으로 가는 길과 나사렛으로 향하는 길이 갈리는, 언덕 위에 있는 작은 마을입니다. 예수님은 그 마을의 우물가에 이르십니다. 그때가 유대 시간으로 여섯 시, 곧 우리 시간으로는 정오 무렵, 가장 더운 시간이었습니다. 그때 한 여인이 물을 길으러 나오면서 예수님을 만나게 됩니다.

> 사마리아 여자 한 사람이 물을 길으러 왔으매 예수께서 물을 좀 달라 하시니 이는 제자들이 먹을 것을 사러 그 동네에 들어갔음이러라 사마리아 여자가 이르되 당신은 유대인으로서 어찌하여 사마리아 여자인 나에게 물을 달라 하나이까 하니 이는 유대인이 사마리아인과 상종하지 아니함이러라(요 4:7-9).

여인은 주님에게 물었습니다. "당신은 유대인인데 어찌하여 사마리아 여자인 나에게 물을 달라고 합니까?" 당시 유대인들은 사마리아인과는 상종도 하지 않으려 했습니다. 유대인과 사마리아인 사이에는 보이지 않는 장벽이 놓여 있었습니다. 그런데 주님은 그 벽을 전혀 개의치 않으셨습니다. 장벽을 넘어 직접 사마리아 땅을 밟으셨고, 그 여인에게 먼저 말을 거셨습니다.

해갈의 기쁨을 주시는 예수님은 경계를 넘어서 오시는 분입니다. 사마리아라고 피하지 않으셨고, 외면하지 않으셨습니다. 경계를 넘어 그녀에게 다가가셨습니다. 아무리 좋은 것이 있어도 나와 멀리 떨어져 있으면 아무 소용이 없습니다. 누군가 경계를 넘어 와서 전하고, 흘려보내야만 우리가 그것을 누릴 수 있습니다. 주님이 바로 그 역할을 하신 것입니다.

교회도 마찬가지입니다. 교회 안에는 소그룹 모임이 있습니다. 성격도, 취향도, 생각도 서로 다른 다양한 사람들이 모입니다. 정이 가는 사람도 있지만, 쉽게 마음이 가지 않는 사람도 있습니다. 소그룹 모임에 참여하다 보면 이상한 사람이 꼭 한 명씩은 있습니다. 까칠하고 말도 독점하려는 사람 때문에 마음의 불편함을 느낄 수 있습니다. 만약 그런 사람을 보지 못했다면, 여러분이 바로 그런 사람일 확률이 99퍼센트입니다.

소그룹은 내 이야기를 풀어 놓는 곳이기도 하지만 기본적으로 내 기준과 경계를 내려놓는 훈련의 장입니다. 나와 다른 사람의 생각과 마음을 수용하고, 축복하며, 함께 성장하는 자리입니다. 그것이 바로 성숙입니다. 성숙은 저절로 이루어지지 않습니다. 좋은 사람들과만 함께 한다고 성숙해질 수는 없습니다. 힘들고 불편한 사람과도 함께하며, 용서하고 이해하고 축복할 때 비로소 성숙에 이르게 됩니다.

신앙생활을 하다 보면, 우리 안에는 자신도 모르게 기준이 생깁니다. 스스로 경계를 세우기도 합니다. '저 사람은 왜 저런 옷을 입고 왔지?', '나는 예배 10분 전에 와서 준비하는데, 저 사람은 왜 항상 지각을 하지?', '설교 중에 어떻게 졸 수 있지? 믿는 사람 맞아?', '성가대가 오늘 음이 많이 틀리네. 연습도 안 했나?' 이처럼 우리는 너무도 많은 '법'을 만들고, 그 법으로 다른 사람을 판단하고 정죄합니다. 그러나 예수님은 심판자가 아니라 구원자로 오셨습니다. 치료자로, 용서하시는 분으로 오셨습니다. 하늘의 기준을 내려놓고 이 땅으로 내려오신 분, 바로 성육신하신 주님이십니다. 그 내려오심에 감동이 있습니다. 세상은 바로 그런 교회를 원합니다. 자기 기준을 내려놓고, 품고, 용서하고, 사랑하는 공동체를 찾습니다.

우리는 어떤 경계, 어떤 기준을 붙들고 살아가고 있습니까? 그 기준은 결국 서로의 갈등만 더 깊게 만들 뿐입니다. 우리의 목마름 가운데 참된 해갈을 주시기 위해, 기준과 경계를 허물고 찾아오신 주님. 이제는 우리가 그분을 닮아, 우리 안의 경계를 내려놓아야 할 때입니다.

성령의 생수를 주시는 예수님

예수께서 대답하여 이르시되 이 물을 마시는 자마다 다시 목마르려니와 내가 주는 물을 마시는 자는 영원히 목마르지 아니하리니 내가 주는 물은 그 속에서 영생하도록 솟아나는 샘물이 되리라(요 4:13-14).

수가성에는 야곱의 우물이 있었습니다. 옛 족장 야곱이 아들 요셉에게 물려준 유서 깊은 우물입니다. 오랜 세월 동안 수가성 사람들은 그 우물에서 물을 길어 마시며 살아왔습니다. 그런데 예수님은 단순히 목을 축이는 우물물이 아니라, 영생하도록 솟아나는 샘물을 주시겠다고 하십니다. 그리고 요한복음 7장에서 그 물이 무엇인지를 구체적으로 알려 주십니다.

> 명절 끝날 곧 큰 날에 예수께서 서서 외쳐 이르시되 누구든지 목마르거든 내게로 와서 마시라 나를 믿는 자는 성경에 이름과 같이 그 배에서 생수의 강이 흘러나오리라 하시니 이는 그를 믿는 자들이 받을 성령을 가리켜 말씀하신 것이라(요 7:37-39).

성령께서 주시는 해갈은 단순한 우물 수준이 아닙니다. 생수의 강이 흘러나오는 차원입니다. 한 두레박씩 퍼 올리는 고인 물이 아니라, 흐르고 넘치는 강물입니다. 우리 안의 타는 목마름을, 마르지 않는 강물처럼 완전하게 채워 주십니다.

요한복음에 니고데모가 나옵니다. 니고데모가 의지했던 우물은 율법이었습니다. 율법 가운데 제사, 절기 등도 우물이었습니다. 흐르는 강물이 아닙니다. 타는 목마름을 완전히 해갈시킬 수가 없었습니다. 우물은 말라 갑니다. 요한복음 2장에 나오는 가나 혼인 잔치에서도 이 현실을 엿볼 수 있습니다. 잔치의 기쁨은 이어지지 않고, 포도주는 떨어지고 맙니다. 잔치는 파장을 향해 갑니다. 이것이 우리 삶의 모습입니다. 기쁨은 마르고, 기대는 사라지고, 마음은 점점 메말라 갑니다. 그런데 성령께서 그 가운데 오셔서 그 타는 목마름을 해갈시켜 주십니다. 그리고 우물 정도가 아니라 강물이 되어 주시고, 물이 아니라 포도주로 만들어 주시겠다고 약속하십니다. 그리고 우리를 그런 존재로 살아가게 하십니다.

메마른 인생 가운데 부어지는 하나님의 은혜, 그 은혜를 떠올리게 하는 시가 있습니다. 정호승 시인의 〈봄길〉입니다.

길이 끝나는 곳에서도
길이 있다
길이 끝나는 곳에서도
길이 되는 사람이 있다.
스스로 봄 길이 되어
끝없이 걸어가는 사람이 있다.
강물은 흐르다가 멈추고
새들은 날아가 돌아오지 않고
하늘과 땅 사이의 모든 꽃잎은 흩어져도

보라.

사랑이 끝난 곳에서도

사랑으로 남아 있는 사람이 있다.

스스로 사랑이 되어

한없이 봄 길을 걸어가는 사람이 있다.

시인은 말합니다. 길이 끝나는 곳에도 길이 있습니다. 왜냐하면 길이 되어 주는 사람이 있기 때문입니다. 사랑이 끝난 곳에도 사랑이 있습니다. 사랑으로 남아 있는 사람이 있기 때문입니다. 예수님이 우리에게 바로 그 길이 되어 주셨고, 그 사랑이 되어 우리를 찾아오셨습니다. 이제는 성령의 생수를 마신 우리가 사랑을 전하는 사람이 되어야 할 때입니다. 길이 끊긴 곳에서 길이 되어 주고, 사랑이 끊긴 곳에서 사랑이 되어 주어야 합니다.

오늘도 예수님은 우리 인생의 우물가로 찾아오십니다. 우리의 타는 갈증과 목마름을 잘 아십니다. 그리고 해갈의 기쁨을 주십니다. 우물이 아닌 흐르는 강물로 부어 주십니다. 공허하고 메마른 삶, 그 누구도 채울 수 없었던 갈증 가득한 인생이 예수님이 주시는 생수로 인해 한없이 풍성한 삶으로 변화됩니다. 그분만이 우리의 위로가 되시고, 이제는 우리 또한 위로자가 되어 누군가의 봄길이 되어야 합니다.

하나님,

목마릅니다.

저의 샘물이 말라가고 있습니다.

오 주여, 우리 가정과 교회가

당신의 우물가가 되게 하소서.

우리의 예배 가운데 성령의 강이 흐르게 하소서.

그래서 길이 끝난 곳에서 다시 길을 만들고,

사랑이 끝난 곳에서 사랑을 살아 내는,

주의 백성으로 살아가게 하소서.

예수님의 이름으로 기도드립니다.

아멘.

7장

베드로,
만남을 통한 위로

요한복음 1장 35-42절

요한복음 1장 42절

데리고 예수께로 오니 예수께서 보시고 이르시되 네가 요한의 아들 시몬이니 장차 게바라 하리라 하시니라 (게바는 번역하면 베드로라)

"베드로는 가톨릭과 개신교 모두에서 잊힌 존재다."
이 말은 작가 마이클 카드(Michael Card)의 표현입니다. 베드로가 잊혔다니, 도대체 무슨 뜻일까요? 가톨릭에서 베드로는 '첫 번째 교황'이라는 직책으로 여겨집니다. 그래서 '한 사람'으로서의 베드로보다 '직책'으로서의 베드로에 더 집중하게 됩니다. 그런 의미에서 베드로는 가톨릭에서 잊힌 존재라는 말입니다. 직책으로만 남아 있으니까요. 개신교도 비슷합니다. 개신교는 가톨릭에 대한 반감으로 인해, 1대 교황으로 추앙받는 베드로에 대해 상대적으로 거리를 둡니다. 바울의 서신은 자주 강조하면서도, 베드로의 서신인 베드로전후서는 비교적 덜 조명합니다.

하지만 신약성경 전체를 보면, 베드로는 결코 주변 인물이 아닙니다. '베드로'라는 이름은 신약에서 무려 200회 이상 등장합니다. 예수님의 공생애와 초대교회가 세워지는 과정에서, 그는 중추적인 역할을 감당했습니다. 무엇보다 베드로만큼 드라마틱한 제자도 없습니다. 그는 열정적이었고 헌신적이었습니다. "주는 그리스도시요 살아 계신 하나님의 아들이시니이다"(마 16:16)라는 위대한 신앙 고백으로 예수님에게 칭찬을 받기도 했습니다. 하지만 막상 예수님이 잡혀가실 때는 세 번이나 "모른다"고 부인했습니다. 그야말로 온탕과 냉탕을 들락거린 제자입니다. 그래서일까요? 그의 모습에서 왠지 모를 친근함이 느껴집니다. 쉽게 넘어지고, 흔들리고, 약해지는 그 모습이 마치 우리 자신을 보는 듯합니다.

딱 한 번의 만남이 만든 변화

요한복음 1장에는 예수님과 베드로가 처음 만나는 장면이 나옵니다. 그 첫 만남에서 주님은 이렇게 말씀하십니다.

데리고 예수께로 오니 예수께서 보시고 이르시되 네가 요한의 아들 시몬이니 장차 게바라 하리라 하시니라(게바는 번역하면 베드로라)(요 1:42).

예수님은 베드로를 보시고, 예언적인 말씀을 하십니다. "장차 게바라 하리라." '게바'는 '반석'이라는 뜻입니다. 앞으로 베드로를 교회가 세워지는 든든한 반석으로 삼으시겠다는 말씀이었습니다. 이것이 베드로와 예수님의 첫 만남이었습니다. 그리고 그 만남은, 그의 인생을 완전히 바꾸어 놓았습니다.

얼마 전, 방송에서 개그우먼 안영미 씨의 결혼 이야기를 들은 적이 있습니다. 한 편의 영화 같은 이야기였습니다. 그녀가 라디오 방송을 하고 있을 때, 한 팬으로부터 메시지가 왔다고 합니다. "저랑 소개팅하시지요!" 내용을 살펴보니 사람됨이 좋아 보여 '그냥 딱 한 번 만나보자'는 생각으로 소개팅을 했다고 합니다. 그런데 그 만남이 단 한 번으로 끝나지 않았습니다. 만남은 이어졌고, 마침내 결혼이라는 놀라운 결과로 이어졌습니다. 딱 한 번의 만남이 결혼의 문을 여는 열쇠가 된 셈입니다.

이처럼 인생에서 만남은 소중합니다. 베드로도 예수님과의 첫 만남을 통해, 그저 평범한 어부에서 위대한 복음 전도자가 되었습니다. 예수님 외에도, 세례 요한과 안드레와의 만남 역시 베드로에게는 큰 전환점이자 힘이 되는 만남이었습니다. 여러분에게는 그런 만남이 있습니까?

지금부터 베드로의 삶을 바꾸어 놓았던 세 사람, 예수님, 세례 요한, 안드레와의 만남을 함께 묵상해 보겠습니다.

밑그림이 되어 준 사람, 세례 요한

또 이튿날 요한이 자기 제자 중 두 사람과 함께 섰다가 예수께서 거니심을 보고 말하되 보라 하나님의 어린양이로다 두 제자가 그의 말을 듣고 예수를 따르거늘(요 1:35-37).

어느 날 세례 요한은 자신의 제자들과 함께 서 있다가 예수님을 보게 됩니다. 그리고 제자들에게 말합니다. "보라. 하나님의 어린양이로다." 이 말은 무슨 뜻일까요? 세례 요한은 자신의 제자들에게 예수님을 보라고 말하면서, 그들에게 앞으로 예수님을 따르라는 메시지를 전하고 있습니다.

이 말을 들은 요한의 제자들은 예수님을 따르기로 결심합니다. 그중 하나가 바로 안드레입니다. 그는 베드로의 형제이며, 예수님을 향한 첫 걸음을 내딛게 한 사람입니다. 안드레 또한 세례 요한의 제자였지요. 이처럼 세례 요한은 당시 사람들에게 메시아 신앙의 밑그림을 그려 주었고, 예수님을 직접 소개하기도 했습니다.

누가복음 3장에서도 세례 요한이 사람들에게 예수님을 소개하며 메시아 신앙의 비전을 제시하는 장면을 확인할 수 있습니다.

> 백성들이 바라고 기다리므로 모든 사람들이 요한을 혹 그리스도신가 심중에 생각하니 요한이 모든 사람에게 대답하여 이르되 나는 물로 너희에게 세례를 베풀거니와 나보다 능력이 많으신 이가 오시나니 나는 그의 신발끈을 풀기도 감당하지 못하겠노라 그는 성령과 불로 너희에게 세례를 베푸실 것이요(눅 3:15-16).

백성이 묻습니다. "혹시 당신이 우리가 기다리는 그리스도입니까?" 요한은 단호하게 대답합니다. "나는 단지 물로 세례를 주는 사람일 뿐입니다. 그러나 내 뒤에 오실 분은 성령의 세례를 주시는 분입니다. 나는 그분의 신발끈을 풀 자격조차 없습니다." 요한은 자신을 향한 모든 관심을 예수님에게로 돌리며, 메시아 신앙의 밑그림을 그려주고 있습니다. 그 영향력은 안드레를 통해 베드로에게까지 전해집니다. 그야말로 요한은 베드로 신앙에 중요한 배경이 되어 준 셈입니다.

한국화에서는 배경이 중요합니다. 난초 그림을 상상해 보십시오. 난초가 그림에서 차지하는 비중은 3분의 1정도이고, 나머지 여백이 훨씬 넓습니다. 그런데 여백이 있어야 그림이 아름답습니다. 원근감도 살아나고 상상력도 키워집니다. 만약 여백 없이 종이 위에 그림만 빽빽하게 있다고 상상해 보십시오. 생각만 해도 답답합니다. 세례 요한은 여백 같은 역할을 했습니다. 그는 필요한 순간에 자신의 정체성을 분명히 밝혔으나, 항상 자신을 드러내지 않고 예수님을 소개하는 데 집중했습니다. 예수님을 더욱 부각시키기 위해, 자신은 배경처럼 물러나야 하는 순간을 정확히 알고 있었습니다. 사람들은 요한을 바라보며 그의 설교를 들을수록, 요한보다는 예수님이 더욱 뚜렷하게 보였고, 그리스도에 대한 갈망이 커졌습니다. 세례 요한은 그 당시 사람들에게 진정한 메시아 신앙의 밑그림이 되어 준 사람입니다.

우리 삶에 어떤 만남이 변화를 가져오나요? 바로 여백 같은 사람과의 만남이 삶에 깊이와 역동성을 더해 줍니다. 자신을 낮추고, 상대를 높이며, 자신을 드러내지 않고 하나님의 일을 보여 주는 사람, 그런 사람과의 만남은 우리 삶을 풍성하게 하고, 큰 유익을 안겨 줍니다.

제 삶을 돌아보면, 저에게 밑그림이 되어 주신 분들이 많습니다. 부모님은 저에게 영적 배경이 되어 주셨고, 팔순을 맞은 어머니는 여전히 매일 저를 위해 기도해 주십니다. 어머니의 기도가 없었다면, 저는 목회라는 그림을 그릴 수 없었을 겁니다. 그리고 그동안 저를 도와준 수많은 선배 목사님, 장로님, 권사님, 집사님들이 제 인생과 사역과 신학의 여정에 밑그림이 되어 주셨습니다.

최근에는 목회 현장에서 저 스스로 약간 철이 들었다고 생각되는 순간이 있습니다. 제 옆에 계시는 부교역자와 성도님들이 성공할 수 있도록 돕고 싶다는 생각을 하게 되었습니다. 예전에는 타인이 나의 성공을 위해 존재한다고 생각했지만, 이제는 내가 그들의 밑그림이 되어 주고, 배경이 되어 줄 수 있다면 좋겠다는 마음이 듭니다. 이런 마음을 품게 된 것만으로도, 저는 조금씩 성숙해지고 있다는 생각이 듭니다.

편견 없이 먼저 순종한 사람, 안드레

예수께서 돌이켜 그 따르는 것을 보시고 물어 이르시되 무엇을 구하느냐 이르되 랍비여 어디 계시오니이까 하니 (랍비는 번역하면 선생이라) 예수께서 이르시되 와서 보라 그러므로 그들이 가서 계신 데를 보고 그날 함께 거하니 때가 열 시쯤 되었더라(요 1:38-39).

세례 요한의 말을 들은 두 제자는 망설이지 않고 즉

시 예수님을 따라 나섭니다. 그때 예수님이 돌아보시며 물으십니다. "무엇을 구하느냐?" 그러자 제자들은 "랍비여, 어디에 머무십니까?"라고 되묻습니다. 예수님을 따르며 배우고 싶다는 뜻입니다. 제자가 되고 싶은 마음을 살며시 내비친 것이지요. 그날 그들은 예수님과 하루를 함께 보내며 대화하고 배웠습니다. 그때가 열 시, 우리 시간으로는 오후 네 시쯤이었다고 성경은 기록합니다. 그중 한 사람이 바로 안드레였습니다. 안드레는 베드로의 형제이기도 합니다.

이 말씀을 읽으면서 저는 안드레에 대해서 다시 생각하게 되었습니다. 그는 사심 없이, 편견 없이 사람을 대하는 사람이었던 것 같습니다. 원래 스승이었던 세례 요한이 예수님을 "하나님의 어린양"이라 소개하자, 즉시 예수님을 따라 간 것만 보아도 알 수 있습니다. 안드레의 가장 큰 장점은 자기 생각이나 편견을 내려놓고, 즉시 순종하고 행동한다는 점입니다.

오병이어 사건에서도 그의 이러한 모습이 잘 드러납니다. 예수님은 들판에 모인 수많은 사람을 보시며, 제자들에게 이들을 먹이라고 하십니다. 그러나 대부분은 주저했습니다. 너무나 불가능해 보이는 일이었기 때문입니다. 그중에서도 계산이 빠른 빌립은 단호하게 말합니다. "이 많은 사람을 다 먹이려면, 이백 데나리온의 돈으로 떡을 산다고 해도 부족합니다." 그는 곧바로 계산기를 두

드리고 '안 된다'는 결론을 내립니다. 하지만 바로 그 순간 안드레가 나섭니다.

> 제자 중 하나 곧 시몬 베드로의 형제 안드레가 예수께 여짜오되 여기 한 아이가 있어 보리떡 다섯 개와 물고기 두 마리를 가지고 있나이다 그러나 그것이 이 많은 사람에게 얼마나 되겠사옵나이까(요 6:8-9).

안드레는 그 수많은 사람들 사이에서 한 아이를 주목합니다. 그리고 그 아이가 가진 보리떡 다섯 개, 물고기 두 마리를 봅니다. 안드레는 계산이나 확률보다 작은 가능성에 주목합니다. 그 오병이어의 존재를 고스란히 주님에게 보여 드립니다. 그는 자기 생각이나 편견을 내려놓을 줄 아는 사람이었습니다.

그래서 안드레는 베드로를 예수님에게 소개할 수 있었던 것 같습니다. 만약 마음속에 복잡한 셈법이나 경쟁심이 있었다면, 설불리 소개하지 못했을 것입니다. '혹시 나보다 베드로가 예수님과 더 친해지면 어떻게 하지?' 이런 마음이 그에게는 없었던 것이지요.

> 요한의 말을 듣고 예수를 따르는 두 사람 중의 하나는 시몬 베드로의 형제 안드레라 그가 먼저 자기의 형제 시몬

을 찾아 말하되 우리가 메시아를 만났다 하고(메시아는 번역하면 그리스도라) 데리고 예수께로 오니(요 1:40-42).

안드레는 사심 없이, 기꺼이 베드로에게 예수님을 소개합니다. 그리고 예수님과 베드로가 처음 마주한 바로 그 순간이 신약 성경에서 손꼽히는 위대한 만남이 됩니다. 어쩌면 안드레 인생 전체를 통틀어, 하나님 나라를 위해 가장 크게 쓰인 순간이 바로 이때가 아닐까 싶습니다. 초대교회의 반석이 된 베드로를 주님에게 인도한 순간이기 때문입니다. 그는 말합니다. "우리가 메시아를 만났다. 한 번 가 보자."

이 짧은 한마디, 계산 없는 진심이 담긴 이 말이 안드레 인생의 최고 순간이 됩니다. 우리는 쓸데없는 자기 편견과 생각에 갇혀 살아갈 때가 있습니다. 내 욕심에, 내 계산에, 내 생각 속에서 헤어나지 못합니다. 그러면서 수많은 베드로를 놓치게 됩니다. 편견 없이 허허 웃으면서, "내가 메시아를 만났어. 그러니 같이 가 보자"라고 베드로의 손을 잡고 이끌어 주는 안드레, 그런 안드레가 참 그립습니다. 오늘 내 곁에 있는 사람이 베드로가 될 수 있음을 믿는 사람이 안드레입니다. 내가 안드레가 되면, 내 곁의 사람은 베드로가 될 수 있습니다. 세상 속에서 얼마나 깊은 영향을 끼칠 수 있는지는, 내 안에 있는 안드레의 모습을 얼마나 다시 꺼내어 살아가느냐에 달려 있습니다.

돌멩이를 반석으로 빚어 가시는 주님

데리고 예수께로 오니 예수께서 보시고 이르시되 네가 요한의 아들 시몬이니 장차 게바라 하리라 하시니라(게바는 번역하면 베드로라)(요 1:42).

'게바'는 아람어로 '반석'이라는 뜻입니다. 아람어는 당시 팔레스타인 지역의 일상어였습니다. 예수님은 베드로를 반석과 같은 존재로 만들어서, 그의 삶과 사역 위에 초대교회를 세워 나가시겠다는 계획을 밝히신 것입니다. 그런데 이것은 어디까지나 주님의 일방적인 약속입니다. 그때까지 베드로가 한 일은 아무것도 없었습니다. 단지 예수님의 선언만 있었을 뿐입니다. "내가 너를 반드시 반석과 같은 사람으로 만들고야 말겠다!"

복음서를 보면, 사실 베드로는 처음부터 반석 같은 사람이 아니었습니다. 혈기를 다스리지 못했고, 깨어 기도해야 할 때 잠들기 일쑤였으며, 물 위를 걷다 파도가 한 번 치니 놀라 가라앉기도 했습니다. 그는 반석이 아니라 위로가 필요한 연약한 사람이었습니다. 말 그대로 '깨어지기 쉬운 돌멩이'였지요. 그런데 주님은 그 돌멩이를 반석으로 빚어 가셨습니다. 사도행전에 등장하는 베드로는 복음서 속의 그와는 전혀 다릅니다. 사도행전에서 베드로는 이미 바위의 면모를 갖춰 가고 있습니다. 사도 바울은 갈라디아서에서 초대교회 지도자들을 이렇게 소개합니다.

> 또 기둥같이 여기는 야고보와 게바와 요한도 내게 주신 은혜를 알므로 나와 바나바에게 친교의 악수를 하였으니 우리는 이방인에게로 그들은 할례자에게로 가게 하려 함이라(갈 2:9).

바울은 초대교회의 기둥 같은 세 명의 지도자를 언급합니다. 누구입니까? 야고보와 게바, 그리고 요한입니다. 야고보는 예수님의 친동생 야고보 사도입니다. 게바는 베드로입니다. 마지막으로 예수님의 사랑을 받던 제자 사도 요한입니다. 이 세 명은 초대교회의 기둥이 되었습니다. 베드로도 그 한 가운데 있었습니다. 그는 결국 반석이 되었습니다.

한국에서 목회자로 살아가려면, '새벽기도'라는 숙명을 받아들여야 합니다. 저도 처음에는 새벽 시간에 일어나는 것이 무척 힘들었습니다. 그래서 새벽기도회가 없는 이민교회로 사역지를 옮

질까도 고민했습니다. 하지만 매일 새벽을 깨우며, 기도하는 시간, 그 새벽이 바로 그 새벽이 바로 내 안에 있는 돌짝밭을 옥토로 만드는 시간이었습니다. 잡석이 보석이 되는 시간이었습니다. 매일 주님을 대면하다 보니, 사람이 변하지 않을 수 없었습니다. 이렇게 살다 보면 저도 어느새 게바처럼 되어 있지 않을까요?

   우리도 살아가는 동안 자주 흔들리고, 때론 쉽게 무너집니다. 겉으로는 강해 보여도, 작은 파도에도 마음이 내려앉습니다. 하지만 베드로처럼 우리에게도 요한과 안드레와 예수님이 다가오십니다. 하나님이 붙여 주신 사람들이지요. 그 소중한 만남이 나를 돌멩이에서 반석으로, 잡석에서 보석으로 빚어가는 하나님의 위로요, 선물입니다.

하나님,

지금 저는 반석이 아닙니다.

그저 작은 돌멩이일 뿐입니다.

보석이 아니라 잡석입니다.

그러나 주님과의 만남이 저를 단단한 반석으로,

빛나는 보석으로 만드실 줄 믿습니다.

나의 가는 길을 주님이 아시오니,

여러 만남을 통해 위로받고, 단련되어,

정금같이, 반석같이 주님 앞에 서게 하여 주옵소서.

예수님의 이름으로 기도드립니다.

아멘.

8장

삭개오,
속히 내려옴으로 얻은 위로

누가복음 19장 1-10절

누가복음 19장 5절
예수께서 그 곳에 이르사 쳐다 보시고 이르시되 삭개오야 속히 내려오라 내가 오늘 네 집에 유하여야 하겠다 하시니

"주머니에 손을 넣고는 성공의 사다리를 올라갈 수 없다"는 서양 속담이 있습니다. 사다리를 오르려면 손과 발을 모두 사용해야 합니다. 힘들다고 손을 주머니에 넣은 채로는, 결코 사다리를 올라갈 수 없습니다. 성공의 사다리도 마찬가지입니다. 인생에서 성공하려면 온몸과 마음을 다해, 손과 발로 한 계단씩 성실하게 올라야 합니다. 쉬운 길은 없습니다. 하지만 이 이야기에도 맹점이 있습니다. 한 방향을 정하고 열심히 애쓴다면 어느 정도의 결과는 따라옵니다. 그러나 아무리 노력해도 항상 나보다 먼저 올라가는 사람이 있게 마련입니다. 그럴 때면, 내 노력이 수포로 돌아가는 것처럼 느껴지기도 합니다. 우리는 경쟁 사회 속에 살고

있습니다. 성공의 사다리는 단순히 성실하게 올라가는 것만으로는 부족합니다. 누구보다 빨리 올라가는 1인이 되어야 합니다.

경제학에는 '레드오션'(Red Ocean)이라는 개념이 있습니다. 붉은 바다라는 뜻으로, 경쟁자가 너무 많아서 핏빛으로 포화가 된 시장을 가리킵니다. 안타깝게도 우리가 살아가는 세상은 대부분 레드오션입니다. 성공의 사다리를 먼저 올라야만 경쟁에서 살아남는 구조입니다.

요즘 자영업자들이 특히 많이 어렵습니다. 거리를 걷다 보면 가게가 생겼다가 금세 사라지는 모습을 자주 보게 됩니다. 한편에선 또 다른 가게가 인테리어를 하고 새롭게 문을 엽니다. 분명 절박한 마음으로 시작했을 텐데, 문을 닫게 되면 그 손해는 얼마나 클까 걱정이 앞섭니다. 사업만 그런 것이 아닙니다. 진학, 취업, 결혼, 인간관계……, 그 어느 것 하나 경쟁 없는 영역이 없습니다. 우리 모두는 성공의 사다리를 먼저 올라야 한다는 부담을 안고 살아갑니다.

성공의 사다리에 오른 삭개오

누가복음 19장을 보면, 삭개오라는 사람이 등장합

니다. 삭개오는 약 2천 년 전 팔레스타인 지역, 여리고라는 도시에 살던 사람이었습니다. 당시 팔레스타인은 로마의 지배 아래 있었고, 로마는 식민지로부터 세금을 거두기 위해 세금징수원을 두었습니다. 삭개오는 그 세금징수원, 그것도 '세리장'이었습니다.

당시 세리들은 동족에게 많은 오해와 멸시를 받았습니다. 로마의 앞잡이, 매국노라는 꼬리표가 따라다녔습니다. 그럼에도 삭개오는 누구보다도 성공하고자 하는 열망이 강한 사람이었습니다. 그는 이른바 성공의 사다리를 가장 빨리 올라가고 싶어 했던 사람입니다. 그래서 삭개오가 택한 것이 바로 돈이었습니다. 이 각박한 세상에서 내 삶과 내 가족을 지켜줄 수 있는 건 결국 돈뿐이라고 여겼던 것입니다. 그래서 그는 돈을 버는 데 집중했습니다.

성경은 삭개오를 이렇게 소개합니다.

> 삭개오라 이름하는 자가 있으니 세리장이요 또한 부자라
> (눅 19:2).

삭개오는 여리고 전체를 관할하는 세무소장쯤 되는 위치에 있었습니다. 그리고 그는 부자였습니다. 그야말로 돈을 통해 성공의 사다리를 가장 먼저 오른 사람이었습니다. 어쩌면 더 이상 올라갈 곳이 없을 정도로, 그는 꼭대기에 있었습니다.

우리 모두는 성공의 사다리를 오르고 싶어 합니다. 그래서 좋은 직장을 다니고 싶어 합니다. 사업에서 성공하고자 애를 씁니다. 각자의 방식으로 성공의 사다리를 올라갑니다. 그런데 어느 순간, 불안과 공허함이 찾아옵니다. '이게 정말 내가 바라던 성공인가?', '이 사다리 꼭대기가 정말 끝인가?', '나는 지금 행복한가?' 묻게 됩니다. 만족보다는 불안, 안정보다는 허무가 밀려옵니다.

그런 의미에서, 우리 모두는 삭개오입니다. 삭개오가 갔던 길을, 우리도 한 발짝 뒤에서 따라가고 있습니다. 본문 속의 예수님은 바로 그런 삭개오를 먼저 찾아오십니다. 그 마음의 공허와 불안을 채워 주십니다. 삭개오처럼 성공의 꼭대기에서 예수님을 만난다면, 우리는 어떻게 반응할까요? 또 주님은 어떻게 일하실까요?

목마름이 이끄는 은혜의 자리

우선, 내 자신이 목마른 상태임을 인정해야 합니다. 그래야 도움도 받을 수 있고, 채움도 경험할 수 있습니다. 삭개오는 자신의 인생에 무언가 빠져 있음을 알았습니다. 돈으로는 채워졌지만, 그 이상의 것이 필요함을 직감했지요. 그래서 당시 유명한 선지자로 알려진 예수님이 여리고에 오신다는 소식을 들었을 때, 그의 가슴이 뛰기 시작했습니다. '이 기회를 놓칠 수는 없다. 예수님을 만나 뭔가 도움을 받아야지!' 그는 그렇게 결심했습니다.

> 그가 예수께서 어떠한 사람인가 하여 보고자 하되 키가 작고 사람이 많아 할 수 없어 앞으로 달려가서 보기 위하여 돌무화과나무에 올라가니 이는 예수께서 그리로 지나가시게 됨이러라(눅 19:3-4).

삭개오는 예수님이 어떤 분인지 보고 싶었습니다. 그러나 너무 많은 인파 때문에 예수님에게 가까이 가는 것이 쉽지 않았습니다. 게다가 그는 키도 작았습니다. 마냥 인파 속에서 기다렸다가는 예수님의 얼굴조차 보기 어려웠습니다. 그래서 택한 방법이 나무에 올라가는 것이었습니다. 하지만 다 큰 어른이 나무에 오르는 일은 쉬운 결정이 아니었습니다. 세무소장이라는 사회적 체면도 있었습니다. 그렇지만 그는 개의치 않았습니다. 왜냐하면, 목마른 사람이 우물을 파야 하기 때문입니다. 그는 자신의 갈급함을 알았고, 그 정도 수고쯤은 감수할 수 있었습니다.

구약의 이사야 선지자는 이렇게 선포합니다.

오호라 너희 모든 목마른 자들아 물로 나아오라 돈 없는 자도 오라 너희는 와서 사 먹되 돈 없이, 값없이 와서 포도주와 젖을 사라(사 55:1).

선지자는 하나님의 심판에 직면한 백성을 '목마른 자'로 묘사합니다. 그리고 그들에게 초대장을 내밉니다. 은혜의 샘으로 와서 마시라고 말입니다. 그런데 이 초대에 반응하는 사람은 누구입니까? 자신의 목마름을 자각한 사람입니다. 갈증과 공허함을 느낀 자가 이 초대에 응답하게 됩니다.

지금, 삶의 목마름을 느끼고 계십니까? '이대로는 안 되겠다'는 생각이 드시나요? 그렇다면, 그 목마름은 하나님을 만날 수 있는 기회가 될 수 있습니다. 바로 그 갈증이, 하나님 앞에 나아가는 축복의 통로가 될 수 있습니다. 반대로, 어떤 이들은 이렇게 말합니다. "저는 지금 제 삶에 만족합니다. 아쉬운 게 별로 없습니다." 하지만 그렇지 않습니다.

마라톤 경기를 한번 생각해 보십시오. 주최 측은 경기 도중 여러 지점에서 물을 제공합니다. 선수들은 달려가며 물병을 낚아채서 마십니다. 왜 그럴까요? 왜냐하면, 목이 마르다고 느껴서 물을 찾는 그 순간은 이미 늦은 시점이기 때문입니다. 평소에는 목이 마를 때 물을 마셔도 상관없습니다. 그런데 마라톤에서는 갈증을 느낄 때는 이미 컨디션이 떨어진 상태입니다. 기록이 나빠집니다. 우리가 조심해야 할 지점이 바로 여기입니다. 나의 목마름을 내가 모를 수 있습니다. 내 상태가 비정상이라는 것을 자각하지 못할 수 있습니다. 그러나 삭개오는 이 점을 놓치지 않았습니다. 그는 인정했습니다. '나는 목마르다. 공허하다. 도움이 필요하다.' 그래서 그는 나무 위로 올라갔습니다. 그 마음의 목마름이, 예수님을 향한 열망으로 바뀐 것입니다.

오늘날 우리도 각자의 방식으로 나무 위에 올라갑니다. 어떤 사람은 운동과 여행이라는 나무에 오릅니다. 어떤 사람은 술과 유흥 속에서 갈증을 달래려 합니다. 어떤 사람은 사람과의 관계로 그 허기를 메우려 합니다. 친밀한 사람, 마음을 나눌 사람, 나를 알아주는 사람만 있으면 더 이상 목마르지 않을 것 같다고 생각하지요. 하지만 그렇지 않습니다. 삭개오처럼 결국 우리는 채워지지 않는 빈 공간을 다시금 느끼게 됩니다.

그러나 이 목마름을 알게 된 것이 꼭 나쁜 것만은 아닙니다. 바로 그 목마름 때문에, 하나님 앞에 나아갈 수 있는 작은 틈이 열릴 수 있기 때문입니다. 삭개오처럼 말입니다.

껍데기가 아닌, 존재를 부르시다

예수께서 그 곳에 이르사 쳐다 보시고 이르시되 삭개오야 속히 내려오라 내가 오늘 네 집에 유하여야 하겠다 하시니 (눅 19:5).

예수님은 삭개오와의 첫 만남에서 그의 이름을 불러 주셨습니다. "삭개오야, 속히 내려오라." 처음 만나는 자리에서, 예수님은 이미 삭개오를 알고 계셨습니다. 삭개오로서는 깜짝 놀랄 일이었지요. 그는 예수님이 오신다는 소식을 듣고, 멀리서 얼굴이라도 한번 마주칠 수 있을까 하여 나무에 올라갔을 뿐입니다. 그런데 예수님이 직접 그 나무 아래까지 오시고, 자신의 이름을 불러 주시다니, 이건 정말 놀라운 일이었습니다. 사실 예수님의 최종 목적지는 예루살렘이었습니다. 팔레스타인의 지형을 보면 여리고에서 예루살렘으로 가는 길은 오르막입니다. 꼭 여리고를 지나지 않아도 되는 길이었습니다. 그냥 스쳐 지나가셔도 됐습니다. 여리고는 목적지가 아니었으니까요. 하지만 예수님은 여리고를 우회하지 않으셨습니다. 그곳은 예수님의 의도적인 방문지였습니다. 예수님은 삭개오를 만나기 위해 여리고에 온 것입니다.

예수님의 관심은 어디에 있었습니까? 바로, 채워지지 않은 목마름을 가진 한 인생, 삭개오를 만나기 위함이었습니다. 삭개오가 나무 위에 올라가기 전부터 주님은 이미 그를 보고 계셨습니다. '내가 여리고에 가서 그를 만나리라. 그 갈급한 마음을 내가 채워주어야겠다.' 그렇게 예수님은 성에 도착하자마자 수많은 군중 속에서 삭개오를 단번에 발견하셨습니다.

그리고 그를 어떻게 부르셨습니까? "여리고시 세무서장님, 얼른 내려오세요"라고 하지 않으셨습니다. 그의 화려한 직업과 커리어를 보지 않으셨습니다. "어이, 거기 키 작은 양반! 잠깐 내려와 봐요"라고도 하지 않으셨습니다. 그의 외모와 외형에도 주목하지 않으셨습니다.

예수님은 삭개오를 둘러싼 수식어와 껍데기를 보신 것이 아닙니다. 예수님은 목말라하는 한 영혼을 보셨습니다. 그리고 그의 '이름'을, 그의 '존재'를 불러주셨습니다. 마치 삭개오가 예수님을 기다린 것보다, 예수님이 그를 훨씬 더 오래 기다려 오신 것처럼 말이지요. "삭개오야, 속히 내려오라."

우리는 사람을 볼 때, 나름의 기준을 가집니다. 보통은 직업과 경제력 혹은 외모를 봅니다. "무슨 일 하는 사람이야? 연봉은 얼마래?" 여기에 한 가지 더 추가하면, "잘생겼니? 예쁘니?" 좋은 직업, 돈, 멋진 외모를 추구하며 삽니다. 하지만 어느 순간 갈증이 밀려옵니다. 주위를 둘러보면 나보다 더 좋은 직업을 가진 사람도 많고, 연봉이 더 높은 사람도 넘쳐납니다. SNS를 보면, 잘생기고 예쁜 사람들은 끝도 없이 나옵니다. 그런데도 희한합니다. 연예인들을 보면, 이미 멋지고 예쁜데도 성형 수술을 가장 많이 하는 이들이 그들입니다. 채워지지 않은 목마름이 있는 것입니다.

심방을 다니다 보면, 성도들 마음속에 숨겨진 염려와 걱정, 두려움을 보게 됩니다. 겉으로 보기에는 좋은 직장, 멋진 외모, 부족함 없는 가정처럼 보입니다. 하지만 실제로는 그렇지 않은 경우가 많습니다. 내면은 썩어 문드러지고, 염려와 걱정 속에 짓눌려 있는 경우도 많습니다. 사람들은 겉모습을 봅니다. 그 사람의 직업과 경제력과 외모를 봅니다.

하지만 예수님은 다릅니다. 예수님은 우리의 내면을 보십니다. 어떤 심정인지, 무엇으로 아파하고 있는지, 채워지지 않는 목마름이 무엇인지 보십니다. 그리고 우리의 이름을 부르십니다. "누구누구야, 그 나무에서 속히 내려오라." 삭개오는, 자신의 껍데기가 아닌 자신의 존재 자체를 알아주시는 예수님을 만나고 나서 마침내 목마름이 해갈되었습니다.

껍데기를 벗고 주님 앞에 서다

삭개오가 서서 주께 여짜오되 주여 보시옵소서 내 소유의 절반을 가난한 자들에게 주겠사오며 만일 누구의 것을 속여 빼앗은 일이 있으면 네 갑절이나 갚겠나이다(눅 19:8).

삭개오는 레드오션에서 자신의 삶을 지탱해 주던 가장 중요한 수단, 돈에 대한 집착에서 놓임 받기 시작합니다. 그는 자신의 소유 절반을 가난한 자들에게 내어놓고, 누군가를 속여 빼앗은 것이 있다면, 네 배로 갚겠노라고 선포합니다. 그 말대로라면, 여리고 사람들이 나쁜 마음을 품고 이것저것 요구하기 시작하면 삭개오는 빈털터리가 될 수도 있는 상황입니다.

삭개오는 왜 이런 선포를 했을까요? 목마름이 해갈되었기 때문입니다. "돈으로는 내 인생의 목마름이 해결되지 않는구나. 나는 예수님 안에서 해갈되었다." 삭개오는 돈의 집착에서 놓여졌습니다. 그동안 돈은 삭개오 인생의 목적 자체였습니다. 자신의 삶을 지켜주는 울타리였고 주인이었습니다. 그런데 이제는 바뀌었습니다. 돈은 수단입니다. 껍데기입니다. 그래서 자신의 소유를 나누겠다는 선언을 할 수 있습니다.

그날 삭개오의 이름을 부르셨던 예수님은 오늘 우리의 이름을 부르고 계십니다. 주님은 말씀하십니다. "너를 둘러싸고 있는 이 껍데기들로는 너의 갈증을 해결할 수 없단다. 나에게서 생수를 마시거라."

우리는 그동안 무엇을 붙들고 살아왔습니까? 돈입니까? 명예입니까? 관계입니까? 그것들이 진정한 위로와 소망이 되어 주었습니까? 껍데기를 통해 목마름을 채우려 했던 삶이었다면, 이제는 예수님 안에서 영원히 솟아나는 생명수를 마실 때입니다. 속히 내려오십시오. 주님이 우리 이름을 부르실 때, 지금 응답해야 합니다. "삭개오야! 속히 내려오라!" 우리를 부르는 주님의 음성을 들으십시오.

하나님,

저는 목마릅니다.

더 나은 직장이, 더 많은 연봉이, 더 따듯한 관계가

저를 둘러싸고 있지만,

이 목마름을 해결해 주지는 못했습니다.

껍데기 같은 것들로는

제 안의 깊은 갈증을 해소할 수 없음을 압니다.

주님, 지금 이 순간 "삭개오야, 내려오라" 말씀하여 주십시오.

이제 그 나무에서 내려오고 싶습니다.

당신의 무릎 아래에서

참된 쉼과 안식을 누리고 싶습니다.

예수님의 이름으로 기도드립니다.

아멘.

살면서 쉬웠던 날은 우리에게도 거의 없습니다.
그러나 버텨야 합니다.
그리고 버티려면 하나님의 위로와 섭리가 필요합니다.
주님이 함께하신다면,
풍랑도 반드시 나쁜 것만은 아닙니다.
오히려 그 시간을 통해 하나님의 은혜를
더 깊이 발견하고 체험할 수 있으니까요.

PART 3

•

결국 그분의 위로로
살아 내다

9장

별이 빛나는 밤에!

다니엘서 12장 1-12절

다니엘 12장 3절
지혜 있는 자는 궁창의 빛과 같이 빛날 것이요 많은 사람을 옳은 데로 돌아오게 한 자는 별과 같이 영원토록 빛나리라

몇 년 전, 몽골로 단기 선교를 다녀온 적이 있습니다. 사역을 마무리할 무렵, 잠시 짬을 내어 몽골 대초원 지역의 한 공원을 찾았습니다. 광활하게 펼쳐진 풍경은 낯설고도 아름다웠습니다. 하지만 진짜 감동은 밤이 되어서야 찾아왔습니다. 수많은 별들이 밤하늘을 수놓고 있었습니다. 말로만 듣던 은하수를 제 눈으로 직접 보았습니다. 정말 압도적인 광경이었습니다.

이토록 별이 잘 보이는 이유는 무엇일까요? 그곳에는 인공적인 불빛이 없기 때문입니다. 밤이, 진짜 밤이기 때문입니다. 하늘이 캄캄할수록, 별은 더욱 또렷하게 보입니다.

밤의 사람, 다니엘

포로기를 살았던 다니엘은 그야말로 어두운 밤과 같은 시대를 살아갔습니다. 유다는 이미 멸망했고, 그는 소년 시절 바벨론으로 끌려왔습니다. 앞으로 어떻게 살아야 할지, 무엇을 해야 할지, 앞이 깜깜했습니다. 길이 보이지 않았습니다. 그에게 남은 것은 하나님을 향한 믿음뿐이었습니다. 기댈 곳은 오직 하나님 한 분, 그분뿐이었습니다. 그래서 다니엘은 믿음 때문에 왕의 진미를 거부했고, 금 신상 앞에 절하라는 명령도 거부했습니다. 그로 인해 사자 굴에 던져지기도 했습니다. 물론 그의 지혜와 실력이 인정받아 총리에 오르기도 했습니다. 하지만 그의 인생 전체를 놓고 보면, 그는 여전히 밤의 사람입니다. "도대체 언제 이 포로기가 끝날 것인가?", "내 인생은 언제쯤 안정될 것인가?" 다니엘은 끊임없이 바라고, 소망하고, 기도했습니다. 그러나 한 치 앞도 내다볼 수 없는 밤의 시간을 살아갔습니다.

그런데 하나님은 이렇듯 깜깜한 밤을 살아가던 다니엘에게 환상을 보여 주셨습니다. 역사가 어떻게 흘러갈지, 그 끝에 하나님이 친히 세우시는 나라가 어떻게 완성될지를 보게 하셨습니다. 그 환상은 다니엘에게 커다란 위로가 되었습니다. 어두운 밤길 속 한 줄기 빛이 되어 그의 발걸음을 비추고 인도해 주었습니다.

오늘을 살아가는 우리에게도 빛이 필요합니다. 어두운 인생길을 환히 비추어 줄 주님의 빛이 필요합니다.

시편 기자는 이렇게 선포합니다.

주의 말씀은 내 발에 등이요 내 길에 빛이니이다(시 119:105).

주의 말씀이 우리의 발 앞을 비추는 등불입니다. 우리의 인생길을 밝혀 주는 빛입니다. 다니엘에게 환상과 계시가 빛이 되었던 것처럼, 우리에게는 성경 말씀이 그런 빛이 됩니다. 이제 이런 관점으로, 다니엘서 12장이 주는 세 가지 교훈을 함께 살펴보겠습니다.

부활 신앙의 회복

그때에 네 민족을 호위하는 큰 군주 미가엘이 일어날 것이요 또 환난이 있으리니 이는 개국 이래로 그 때까지 없던 환난일 것이며 그 때에 네 백성 중 책에 기록된 모든 자가 구원을 받을 것이라 땅의 티끌 가운데서 자는 자 중에서 많은 사람이 깨어나 영생을 받는 자도 있겠고 수치

를 당하여서 영원히 부끄러움을 당할 자도 있을 것이며
(단 12:1-2).

하나님은 이스라엘 백성에게 크고 전례 없는 환난이 닥칠 것을 예고하셨습니다. 하지만 그 가운데서도 하나님은 자신의 백성을 구원하시겠다고 약속하십니다. 그리고 그 환난 속에서 죽은 자들 가운데 부활에 이를 자들이 있을 것이라 말씀하십니다. "땅의 티끌 가운데서 자는 자 중에 많은 백성이 깨어나 영생을 받는 자도 있겠고"(단 12:3상). 아마 환난 중에 죽는 자도 생기겠지요. 그러나 주님은 분명히 알려 주십니다. "깨어나 영생을 얻게 될 것이다." 다니엘서는 구약에서 부활 신앙을 가르치는 성경 중 하나입니다.

사도 바울도 고린도전서에서 부활에 대해 알려 줍니다.

> 보라 내가 너희에게 비밀을 말하노니 우리가 다 잠 잘 것이 아니요 마지막 나팔에 순식간에 홀연히 다 변화되리니 나팔 소리가 나매 죽은 자들이 썩지 아니할 것으로 다시 살아나고 우리도 변화되리라 (고전 15:51-52).

주님이 다시 오시는 날, 마지막 나팔이 울릴 때 죽은

자들이 썩지 않을 몸으로 부활하고, 살아 있는 자들도 순식간에 변화됩니다. 다니엘서의 메시지와 정확히 맞닿아 있습니다. 우리의 신앙에서 부활 신앙은 매우 중요합니다. 하나님은 부활을 성도의 삶의 최종 목적지로, 최고의 상급으로 주셨습니다. 부활은 성도의 삶에서 단순한 사후 보상이 아닙니다. 썩을 육신이 썩지 않을 것으로 옷 입는 순간이며, 부분적으로 누리던 영생이 온전히 완성되는 순간입니다. 하나님은 이 부활을 우리 신앙의 최종 목적지로, 최고의 상급으로 주셨습니다.

그런데 오늘날 우리에게는 심각한 문제가 있습니다. 더 이상 부활을 소망하지 않습니다. 부활을 기대하지 않고, 이 땅에서의 성공과 회복, 문제 해결에만 집중합니다. 현세 중심적 신앙에 익숙해진 것입니다. 모든 것을 이 땅에서 해결하려 하고, 모든 보상을 지금 원합니다.

예전에 한 성도님의 사업장에서 개업 예배를 드린 적이 있습니다. 오랜 준비 끝에 사업을 시작한 그분은, 영업일 중 하루를 떼어 이웃과 지역사회를 위해 봉사하려고 계획하셨습니다. 주변 사람들은 모두 말렸습니다. "지금은 영업에 집중해야 할 때"라고요. 세상의 이치라면 매출이 떨어집니다. 사업이 자리를 잡고 하는 게 맞습니다. 하지만 그분의 마음은 달랐습니다. 하나님 앞에 드리고자 하는 마음, 이 땅의 성공보다 주님 앞에서의 의미를 따르고자 하는 마음이 있었습니다. 이것이야말로 부활 신앙의 실제적인 적용이 아닐까요?

예수님도 누가복음에서 이렇게 말씀하셨습니다.

> 잔치를 베풀거든 차라리 가난한 자들과 몸 불편한 자들과 저는 자들과 맹인들을 청하라 그리하면 그들이 갚을 것이 없으므로 네게 복이 되리니 이는 의인들의 부활 시에 네가 갚음을 받겠음이라 하시더라(눅 14:14).

잔치를 베풀 때, 가난한 자와 몸이 불편한 자를 불러서 대접하라고 합니다. 왜 그런 사람들을 초대하라고 하셨을까요? 그들은 대접을 받아도 갚을 수 없기 때문입니다. 그렇다면 누가 갚아 주시겠습니까? 부활의 때에 하나님이 친히 갚아 주신다는 것입니다.

우리 안에 이 부활 신앙이 살아 있습니까? 주님을 위해 손해를 보고 계십니까? 신앙 때문에 조롱받고 외면당하는 순간, "부활의 때에 내가 갚음을 받으리라"는 말씀이 우리 마음에 울림으로 다가오고 있습니까? 부활 신앙이 사라지면, 우리의 신앙은 방향 없이 표류하는 배와 같습니다. 이 땅에서의 문제만 해결하려는 신앙, 지금만 추구하는 신앙이 될 수밖에 없습니다.

연단, 거룩을 빚는 시간

나 다니엘이 본즉 다른 두 사람이 있어 하나는 강 이쪽에 섰고, 하나는 강 저쪽 언덕에 섰더니 그 중에 하나가 세마포 옷을 입은 자 곧 강물 위쪽에 있는 자에게 이르되 이 놀라운 일의 끝이 어느 때까지냐 하더라(단 12:5-6).

다니엘은 환상 중에 두 사람을 봤습니다. 아마도 천사일 것입니다. 그들은 강의 양쪽에 서 있었고, 한 사람이 다른 쪽에 있는 사람에게 묻습니다. "이 엄청난 환난이 언제 끝나게 될 것입니까?" 그러자 세마포 옷을 입은 자, 강물 위쪽에 있던 자가 대답합니다.

한 때와 두 때와 반 때를 지나서 성도의 권세가 다 깨지기까지이니 그렇게 되면 이 모든 일이 다 끝나리라 하더라 (단 12:7).

극심한 핍박이 있을 것을 말합니다. 어느 정도의 고통인가요? 성도의 권세가 다 깨어지기까지, 믿음을 거의 포기할 지경에 이르는 수준의 고난입니다. 참 무겁고 두려운 말씀입니다. 하지만 감사한 것은, 그 시기가 정해져 있다는 것입니다. 한 때와 두 때와 반 때, 하나님은 그 고난을 무한정 허락하지 않으십니다. 하나님은 자신의 백성이 고통받는 것을 내버려 두시지 않으며, 그 고난에는 분명한 목적과 끝이 있습니다. 그리고 바로 그 목적이 이어지는 말씀에 나옵니다.

> 많은 사람이 연단을 받아 스스로 정결하게 하며 희게 할 것이나 악한 사람은 악을 행하리니 악한 자는 아무것도 깨닫지 못하되 오직 지혜 있는 자는 깨달으리라 (단 12:10).

환상의 해설자는 하나님이 허락하신 환난을 '연단'이라는 단어로 표현했습니다. 연단의 사전적 정의는 두 가지입니다. 1) 쇠붙이를 불에 달군 후 두드려서 단단하게 함. 2) 몸과 마음을 굳세게 함. 결국 하나님이 그의 백성에게 허락하신 환난은 형벌이 아니라 연단입니다. 성도는 그 시간을 통해 더 정결해지고, 더 간절해지며, 더 단단해집니다. 고난을 통해 우리는 거룩의 삶을 배우게 됩니다. 이 사실을 알게 되면, 고난이 달리 보입니다. 이유 없는 고생이 아닙니다. 우리를 거룩하게 만드는 하나님의 훈련장입니다. 이 깨달음이 캄캄한 길을 걸어가는 우리에게 빛이 됩니다.

히즈윌(His Will)의 찬양 〈광야를 지나며〉의 가사는 이런 마음을 담고 있습니다.

> 왜 나를 깊은 어둠 속에서 홀로 두시는지
> 어두운 밤은 왜 그리 길었는지
> 나를 고독하게 나를 낮아지게
> 세상 어디도 기댈 곳이 없게 하셨네.
> 주님만 내 도움이 되시며 주님만 내 빛이 되시는
> 주님만 내 친구 되시는 광야
> 주님 손 놓고는 단 하루도 살수 없는 곳 광야
> 주께서 나를 사용하시려 나를 더 정결케 하시려
> 나를 택하여 보내신 그곳 광야

작사가는 하나님 앞에 호소합니다. "왜 저를 어둠 속에 두셨습니까?", "왜 이렇게 외롭고, 밤은 길기만 합니까?" 그러나 주님은 그 질문에 직접 대답하지 않으십니다. 대신, 친구가 되어 주십니다. 주님의 손을 놓고는 단 하루도 살 수 없는 존재가 바로 나 자신임을 배우게 하십니다. 이것이 바로 연단의 유익입니다. 연단을 통해 우리는 거룩함을 배웁니다. 거룩은 내가 수련하고 애를 써서 얻는 영적 수준이 아닙니다. '주님 없이는 살 수 없습니다'라는 고백, 바로 그 자리에서 거룩은 시작됩니다. 이런 의미에서 고난과 광야는 성도를 거룩하게 만드시는 하나님의 용광로요, 훈련소입니다.

찰스 스펄전(Charles Spurgeon) 목사는 이렇게 말했습니다.

> 내가 슬픔과 고통 중에 얻은 유익을 다 합치면 헤아릴 수조차 없다. 고통은 내 집에서 최고의 가구요 목사의 서재에서 최고의 책이다.

그는 자신이 고통을 통해 얻은 유익이 무척이나 크다고 했습니다. 고통은 자신의 집에서 최고의 가구이며, 자신의 서재에 있는 많은 책 중에서 최고의 책이라고 말합니다. 그만큼 고통을 통해서 많은 유익을 얻었다는 의미입니다.

우리가 겪는 고난과 어려움을 연단의 시선으로 바라보시기 바랍니다. 기도해도 당장 답이 없을 수도 있습니다. 혹시 답을 듣는다 해도, 지금은 이해할 수 없을지도 모릅니다. 하지만 주님은 우리의 손을 잡아 주십니다. 그리고 우리로 하여금 이렇게 고백하게 하십니다. "주님의 손을 놓고는 단 하루도 살 수 없습니다." 이것이 거룩의 첫걸음입니다. 결국 성도는 연단을 통해서 거룩한 삶을 배우게 됩니다. 이런 면에서 연단은 거룩을 훈련하는 시간입니다.

주님이 그 자리에 두신 별

너는 가서 마지막을 기다리라 이는 네가 평안히 쉬다가 끝날에는 네 몫을 누릴 것임이라(단 12:13).

주님은 다니엘에게 "가라"고 말씀하십니다. NIV성경에는 이렇게 번역되어 있습니다. "Go your way till the end." 마지막 날까지 너의 길을 가라는 말입니다. 끝까지 가라는 뜻이지요. 그런데 여기서 말하는 "너의 길"은 구체적으로 어디일까요? 예루살렘일까요? 아닙니다. 다니엘은 조국으로 돌아가지 못했습니다. 그가 돌아가야 할 곳은 바벨론이었습니다. 식민지 출신의 관료의 자리로 돌아가라는 말입니다. 하나님이 놀라운 환상도 보여 주시고, 승리에 대한 약속도 주셨습니다. 그런데 야속하게도 다니엘에게 주어진 현실은, 다시 식민지 출신 관료로서의 자리로 돌아가야 한다는 것이었습니다.

사도행전 1장 8절에서도 성도가 가야 할 길을 보여 줍니다.

오직 성령이 너희에게 임하시면 너희가 권능을 받고 예루살렘과 온 유대와 사마리아와 땅 끝까지 이르러 내 증인이 되리라 하시니라(행 1:8).

성도가 가야 할 곳은 가까이는 예루살렘입니다. 좀 더 멀리는 유다와 사마리아입니다. 그리고 땅 끝까지 주님의 증인이 되라고 하십니다. 하나님이 우리 각자에게 주신 자리가 있습니다. 다니엘에게는 바벨론이 그 자리였습니다. 답답하고, 앞이 보이지 않고, 어쩌면 힘겨움으로 가득한 자리입니다. 환상을 본 후 다시 바벨론으로 돌아가라는 말씀을 들었을 때, 다니엘은 어떤 마음이었을까요? 그동안 바벨론에서 성공도 했지만, 고생을 더 많이 했습니다. 아마 다니엘은 하나님에게 다시 물었을지도 모릅니다. "하나님, 왜 또 바벨론입니까? 저는 예루살렘으로 가고 싶어요. 여긴 너무 어둡고, 길도 보이지 않습니다." 그때 주님은 이렇게 말씀하십니다.

지혜있는 자는 궁창의 빛과 같이 빛날 것이요 많은 사람을 옳은 데로 돌아오게 한 자는 별과 같이 영원토록 빛나리라(단 12:3).

여기서 많은 사람을 옳은 데로 돌아오게 한 자는 별과 같이 빛나리라고 합니다. 마치 주님이 다니엘에게 이렇게 말씀하시는 것 같습니다. "다니엘아, 바벨론에서 살아가는 것이 버겁지? 너무 캄캄하지? 무엇을 해야 할지 모르겠지? 다니엘아, 그래서 그곳에는 별이 필요하단다. 너는 바벨론 한가운데서 나의 빛이 되어 주렴. 그곳 사람들에게 내가 누구인지, 말씀대로 사는 삶이 무엇인지를 보여 주고, 비춰 주는 별이 되어 주렴." 하나님은 다니엘에게 별이 되어 달라고 부탁하십니다.

한때 저도 영적으로 깊은 침체를 겪은 적이 있습니다. '이렇게 설교하고 기도하고 목회하는 것이 도대체 무슨 의미가 있을까? 하나님은 나를 왜 여기로 보내셨을까? 이 교회에서 내 역할은 뭘까?' 이런 고민을 했습니다. 그때, 한 통의 문자를 받았습니다. "목사님, 귀한 말씀으로 깨닫게 하시고, 위로해 주시고, 은혜 받게 해 주셔서 감사합니다." 여기까지는 덤덤하게 읽었습니다. 그런데, 이어지는 한 문장이 제 마음을 울렸습니다. "목사님이 우리 목사님이어서 너무 감사합니다." 그 순간 저는 조용히 기도했습니다. "하나님, 이 한 성도를 위해서라도 제가 우리 교회에서 별이 되겠습니다. 스타가 되겠다는 말이 아닙니다. 빛을 잃지 않겠다는 말입니다. 하나님이 주시는 은혜의 빛, 말씀의 빛, 사랑의 빛을 잃지 않겠습니다. 그래서 제가 있는 곳이 너무 어둡지 않도록 만들겠습니다."

우리가 믿음의 선배로서 다음 세대에게 해줄 수 있는 것은 무엇일까요? 힘겹고 어려운 시대에 신앙인으로 사는 것이 어떤 의미인지 보여 주는 것 아닐까요? 그저 말로 설명하기보다, 빛을 지닌 채 어두운 곳에 살아가는 삶 자체로 보여 주는 것, 그것이 우리의 사명일지 모릅니다.

지금 서 계신 자리가 외롭습니까? 깜깜해서 갈 바를 알지 못하겠습니까? 저는 여러분의 밤이 속히 끝나고 밝은 대낮이 오기를 바랍니다. 그러나 밤이 길어진다 해도, 부디 그 자리를 지켜 주십시오. 그 자리에서 별이 되어 주십시오. 어둡기 때문에 주님이 그 자리에 별을 두신 것입니다. 당신이 바로 하나님의 별입니다. 별처럼 빛나게 될 그대를 응원합니다.

하나님,
밤하늘을 올려다 봅니다.
어둠 속에 별이 반짝이고 있습니다.
어두우니 그 곳에 별을 두셨겠지요?
다니엘을 바벨론의 별로 세우신 하나님.
저 또한 주께서 세우신 이 자리에서
당신의 별로 살아가고 싶습니다.
고난이 연단이 되어 거룩을 배우기 원합니다.
그리고 당신의 거룩함을 반짝반짝 드러내는
작은 별로 살게 하여 주십시오.
예수님의 이름으로 기도드립니다.
아멘

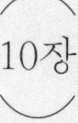

10장

가장 듣고 싶었던 말

마태복음 3장 13-17절

마태복음 3장 17절
하늘로부터 소리가 있어 말씀하시되 이는 내 사랑하는 아들이요 내 기뻐하는 자라 하시니라

'각인 효과'라는 말이 있습니다. 특정 시기에 일어나는 학습이 평생에 걸쳐 영향을 끼치는 현상을 가리킵니다. 예를 들어, 알에서 부화된 새끼 거위를 사람이 키우면, 그 거위는 그 사람을 어미로 인식하고 따르게 됩니다. "미운 오리 새끼"라는 동화가 이러한 각인 효과를 잘 보여 주는 이야기입니다. 백조가 새끼 때부터 오리 무리에서 자라면서 자신을 오리라고 여기며 살아가는 이야기지요. 이것이 바로 각인 효과입니다.

마태복음 13장을 보면, 예수님이 요한에게 세례를 받는 장면이 나옵니다. 예수님의 세례는 마태복음뿐 아니라, 마가복음과 누가복음에도 나옵니다. 그만큼 중요한 장면이기 때문입니다. 예수님

10장. 가장 듣고 싶었던 말 165

은 공생애를 시작하시기 전에 세례를 받으셨고, 그때 하늘로부터 음성을 들으셨습니다.

> 하늘로부터 소리가 있어 말씀하시되 이는 내 사랑하는 아들이요 내 기뻐하는 자라 하시는지라(마 3:17).

공생애를 시작하는 첫 순간에 하나님이 주신 말씀이었습니다. 아마 예수님은 공생애 내내 이 말씀을 마음에 품고 사셨을 것입니다. 병자를 고치실 때도, 제자를 부르실 때도, 십자가를 지실 때도, 절대 놓지 않으시고 끝까지 붙드셨던 말씀, 주님의 마음에 평생 각인된 말씀이었을 것입니다.

마음에 새긴 한 말씀

여러분은 어떤 말을 마음에 새기고 있습니까? 목회를 하는 한 친구가 자신의 좌우명 같은 말씀을 알려 준 적이 있습니다. "나를 떠나서는 너희가 아무것도 할 수 없느니라"(요 15:5). 목회자로서 참 공감이 되는 말씀입니다. 또 성격이 괄괄한 한 집사님은 "이것까지 참으라"(눅 22:51)는 구절을 좌우명으로 삼았다는 이

야기도 들었습니다. 대제사장의 종들이 예수님을 잡으러 들이닥
쳤을 때, 베드로는 그중 한 사람을 향해 칼을 휘둘렀습니다. 그때
예수님께서 베드로를 말리며 하신 말씀이 바로 이 구절입니다. 이
집사님의 성격이 다혈질이라는 걸 아는 분이, 이 말씀을 액자에 새
겨 선물로 드렸다고 합니다. 그리고 그 말씀이 그분 인생의 좌우명
이자, 평생 가슴에 새긴 말씀이 되었습니다.

여러분에게는 힘들고 어려운 순간마다 마음속에서 메아리치
는 말씀이 있으신가요? 예수님에게는 바로 이 말씀이 그러했을
것입니다. "너는 내 사랑하는 아들이요 내가 너를 기뻐하노라."
주님의 뒤를 따르는 우리 역시 이 말씀을 마음에 새겨야 하지 않
을까요? 이 말씀은 예수님의 입장에서 우리에게 가장 들려주고
싶은 말이고, 우리 입장에서는 가장 들어야 할 말입니다. 마음 깊
이, 영혼 깊이 각인되어야 할 말씀입니다.

"너는 내 사랑하는 아들이다"

하늘로부터 소리가 있어 말씀하시되 이는 내 사랑하는
아들이요 내 기뻐하는 자라 하시는지라(마 3:17).

예수님의 마음에 새겨진 말씀을 우리에게 바로 적용하기는 쉽지 않습니다. 오히려 이런 질문이 떠오릅니다. '나는 과연 하나님의 사랑하는 자녀이고, 기뻐하는 자인가?', '내게는 그렇지 않은 부분이 훨씬 많은데 예수님이야 그런 말을 들을 자격이 있겠지만 나는 다르지 않나?' 하지만 하나님은 이 말씀을 예수님 혼자만 들으라고 속삭이신 것이 아닙니다. 많은 사람들 앞에서, 공적으로 선포하셨습니다. 그때는 예수님이 공생애를 시작하시기 직전, 요한에게 세례를 받으신 바로 그 순간이었습니다. 요한의 세례는 죄를 자복하고 회개하기 위한 세례였습니다. 그런데 예수님에게는 죄가 없으셨습니다. 회개하실 일도 없으셨습니다. 그럼에도 주님은 죄인들 가운데 오셔서 굳이 세례를 받으셨습니다. 심지어 세례 요한조차 놀라며 말합니다. "내가 당신에게 세례를 받아야 하는데 어찌하여 당신이 내게로 오시나이까?" 요한복음은 이 장면을 이렇게 설명합니다.

> 이튿날 요한이 예수께서 자기에게 나아오심을 보고 이르되 보라 세상 죄를 지고 가는 하나님의 어린 양이로다(요 1:29).

예수님이 받으신 세례는 당신의 죄 때문이 아닙니다. 우리 모두의 죄를 대신 짊어지신 것이었습니다. 주님은 요한에게 세례받기를 청하십니다. "허락하라. 모든 의를 이루는 것이 합당하니라"는 말씀은 곧 "나는 세상 죄를 지고 가는 어린 양으로 왔다. 내 죄로서는 질 것이 없으나 세상의 죄를 대신 하기 위해서는 회개의 세례를 받으려 한다. 그러니 허락하라"는 의미입니다.

결국 예수님은 우리를 대신하여 회개의 세례를 받으셨습니다. 그리고 세례 후에 예수님에게 들려진 하나님의 선언도 예수님이 대신 지신 십자가를 통과하여 그분을 믿는 우리에게 들려지는 말씀이기도 합니다. "이는 내 사랑하는 아들이요 내 기뻐하는 자라"는 말씀이 주를 믿는 우리 모두에게도 적용될 수 있습니다.

마태복음을 기록한 마태는 본래 세리였습니다. 당시는 로마가 유대 지역을 점령한 상황이었습니다. 로마는 세금을 잘 걷기 위해서 현지인 세리를 채용했습니다. 그래서 세리는 로마를 위해서 일하는 매국노라는 비난을 받곤 했습니다. 민족의 배신자, 이기주의자, 죄인의 대표로 통했습니다. 바로 그런 마태가 예수님을 만나고 복음서를 기록한 것이지요. 대단한 반전 아닙니까? 누구보다도 악착같이 세금을 거두어들이며 살았던 마태의 손, 그 손으로 이제는 복음서를 기록하고 있습니다.

그 역시 자주 자격지심에 시달렸을 것입니다. '내가 무슨 자격으로 예수님의 이야기를 기록할 수 있을까?' 하지만 이럴 때마다 귓가에 떠오르는 말씀이 있었을 것입니다. "이는 내 사랑하는 아들이요 내 기뻐하는 자라." 믿는 자를 하나님의 사랑받는 자녀로 똑같이 여겨주신 은혜, 이 말씀을 기억할 때마다 그 은혜에 잠겼을 겁니다.

찬양 〈너는 내 아들이라〉의 가사에도 이 말씀이 그대로 담겨 있습니다.

> 힘들고 지쳐 낙망하고 넘어져 일어날 힘 전혀 없을 때에
> 조용히 다가와 손 잡아주시며 나에게 말씀하시네.
> 나에게 실망하며 내 자신 연약해 고통 속에 눈물 흘릴 때에
> 못자국난 그 손 길 눈물 닦아 주시며 나에게 말씀하시네.
> 너는 내 아들이라 오늘날 내가 너를 낳았도다.
> 너는 내 아들이라 나의 사랑하는 내 아들이라.

살다 보면 낙심하는 순간이 찾아옵니다. 세상은 끊임없이 우리에게 자격을 묻고, 실망시키고, 정죄합니다. 하지만 그 모든 소리 위에 들려야 할 목소리가 있습니다. 조용히 다가와 우리 손을 잡으시는 아버지의 음성입니다. "너는 내 사랑하는 아들이고, 내 사랑하는 딸이다. 나는 너를 기뻐한다." 이 말씀이 마음에 새겨져 있다면, 우리는 어떤 순간에도 다시 일어서고 다시 기뻐할 수 있습니다.

"아들이요" vs "아들이어든"

예수님은 하나님에게 "내 사랑하는 아들이요, 기뻐하는 자다"라는 선언을 들으셨습니다. 평생 마음에 새겨진 말씀이 었을 것입니다. 그런데 바로 이어지는 마태복음 4장에서, 예수님은 광야로 이끌리어 마귀에게 시험을 받으십니다. 이때 사탄이 던진 시험의 말은 특이합니다.

> 마귀가 이르되 네가 만일 하나님의 아들이어든 이 돌들에게 명하여 떡이 되게 하라(마 4:3).

마귀는 예수님이 들으신 말씀과 정반대의 말로 시험합니다. "하나님의 아들임을 증명해 보라"는 것입니다. 돌을 떡으로 바꾸어 보라고, 성전 꼭대기에서 뛰어내려 천사가 시중드는 것을 보여 보라고 합니다. 하나님의 자녀임을 '기적'으로 증명하라고 유혹하는 겁니다.

예수님이 들으신 말씀과 사탄의 말은 전혀 다릅니다. 하나님은 "너는 내 사랑하는 아들이요"라고 말씀하셨지만, 사탄은 "네가 하나님의 아들이어든"이라고 말합니다. 무조건적인 사랑과 인정을 조건적인 것으로 바꿔버린 것입니다. "아들이요"를 "아들이어든"

으로 바꾸어 버린 것입니다.

학생들에게는 이렇게 속삭입니다. "사랑받고 인정받고 싶니? 더 좋은 성적을 받아야지. 더 좋은 대학에 들어가야 사랑받는 사람이 될 수 있어." 청년들에게는 이렇게 말합니다. "사랑받는 인생을 살고 싶니? 더 좋은 직장, 더 많은 연봉을 받아야 해." 끊임없이 스스로를 '증명하라'는 메시지를 심습니다. 목회자도 예외가 아닙니다. "더 많은 성도가 모여야, 더 큰 건물을 지어야, 그래야 인정받고 성공한 목사지." 이런 기준은 모두 조건부 인정입니다. 하지만 그 소리를 따라가면 그 끝엔 무엇이 있을까요? 불안과 공허뿐입니다. 행복도, 안식도 없습니다.

우리도 하나님의 자녀로서 공생애를 살아갑니다. 각자 맡은 사명을 감당하며 살아갑니다. 그 여정에서 반드시 분별해야 할 것이 있습니다. "아들이요"의 목소리를 따를 것인가, "아들이어든"의 목소리를 따를 것인가? 구별할 수 있어야 합니다.

저는 청년 시절에 하나님을 만났습니다. 그분의 사랑을 알게 되자, 나라는 존재 자체를 기뻐하신다는 것을 깨닫게 되었습니다. 내가 숨 쉬는 것조차 기뻐하신다는 사실이 너무 놀라웠습니다. 그러자 마음에서 이런 고백이 올라왔습니다. '주님, 제가 숨 쉬는 것만으로도 기뻐하시지만, 뭔가 더 해드리고 싶어요.' 그래서 선택한 것이 목회입니다.

저는 목사로서 저 자신을 증명할 필요가 없습니다. 스스로를 슈퍼맨처럼 포장하거나 과시할 필요도 없습니다. 단지 받은 은혜를 갚고 싶다는 심정으로 살아갑니다. 그래서 목회는 제게 노동이 아니라 기쁨입니다. 우리는 어떤 목소리를 따라 살아가고 있습니까? "아들이요"입니까? 아니면 "아들이어든"입니까?

제 막내딸은 다른 사람 목소리 흉내를 잘 냅니다. 어릴 때, 가끔 저에게 전화해서 엄마 목소리를 흉내 내곤 했습니다. "여보, 수고 많았지?" 그럴듯하게 말하다가 정체가 드러나는 순간이 옵니다. "아빠, 젤리랑 꿈틀이 사다 줘!" 간식이 목적이었지요. 그제야 저는 웃음을 터뜨립니다. 저는 아내의 목소리도, 아이의 목소리도 압니다. 누군가의 음성을 안다는 것은 관계입니다. 사랑이고, 소통입니다.

찬송가 563장은 이렇게 고백합니다.

> 예수 사랑하심을 성경에서 배웠네
> 우리들은 약하네 예수 권세 많도다
> 날 사랑하심 날 사랑하심
> 날 사랑하심 성경에 쓰였네

우리가 성경을 읽는다는 것은 단순히 오래된 기록

10장. 가장 듣고 싶었던 말

을 읽는 것이 아닙니다. 그 안에는 자신의 가족으로 초청해 주신 아버지의 인격적 사랑과 환대가 있습니다. 거기에는 분명히 적혀 있습니다. "날 사랑하심." 하나님은 "자녀이기만 해도 사랑한다"고 하십니다. "자녀이어든"이라고 시작하시지 않습니다.

그러므로 세상의 목소리에 의해 자신을 규정하지 마십시오. 하나님의 자녀는 인정을 받아도 하나님에게 받고, 혼이 나도 하나님에게 혼이 납니다. 세상이 요구하는 어설픈 기준, '더 좋은 성적, 더 좋은 직장, 더 큰 교회……' 이런 조건에 매이면, 평생을 쫓기듯 살게 됩니다. 성도는 세상이 부여하는 정체성이 아니라, 하나님 아버지의 음성으로 자신의 존재를 규정합니다. 그리고 그분의 목소리는 오늘도 이렇게 말씀합니다. "이는 내 사랑하는 아들이요, 내 기뻐하는 자라."

하나님,

저에게 마음에 새길 말씀을 주십시오.

세상은 저에게 말합니다. "하나님의 아들이어든"

당신의 사랑받는 자임을 증명하라고 합니다.

그러나 주님은 저에게 말씀하십니다. "너는 사랑하는 아들이요"

더 이상 증명할 것이 없는 자녀임을 선언해 주십니다.

하나님 이 말씀이 제 마음에 각인되기를 원합니다.

그리고 저에게 주어진 공생애를

흔들림 없이 뚜벅뚜벅 걸어가기 원합니다.

예수님의 이름으로 기도드립니다.

아멘.

11장

내 인생의 잔치는
이제 시작입니다!

요한복음 2장 1-11절

요한복음 2장 9절
연회장은 물로 된 포도주를 맛보고도 어디서 났는지 알지 못하되 물 떠온 하인들은 알더라 연회장이 신랑을 불러

최영미 시인이 쓴 「서른 잔치는 끝났다」라는 시집이 있습니다. 여기에서는 서른이라는 나이를 지나며 인생의 중요한 분기점에 서게 된 이야기를 다룹니다. 서른은 20대의 낭만과 이상이 끝나는 지점이자, 동시에 현실과 마주해야 하는 교차점입니다. 누구도 피터팬처럼 영원히 젊음을 유지할 수는 없습니다. 결국, 젊음의 패기와 낭만, 이상도 막을 내리는 날이 옵니다. 인생의 잔치는 그 끝을 향해 성큼성큼 다가갑니다.

기쁨이 있어야 할 자리에 없는 것

요한복음 2장을 보면, 예수님과 어머니 마리아, 그리고 제자들이 갈릴리 가나에서 열린 한 혼인 잔치에 참여합니다. 아마도 예수님의 친척 결혼식이었을 것입니다. 어느 시대, 어느 장소에서든 혼인 잔치는 기쁘고 즐거운 자리입니다. 가문의 축제이자 경사이지요. 가나의 혼인 잔치도 마찬가지였습니다. 거의 일주일 동안 신랑과 신부를 축복하며 잔치가 이어졌습니다. 함께 먹고 마시며 기쁨과 축복을 나누는 자리였습니다.

이때 잔치에 꼭 필요한 것이 바로 포도주입니다. 잔치의 주된 음료이자 하객들에게 기쁨을 주는 상징입니다. 그런데 포도주가 떨어졌다는 것은 당시로서는 큰 불명예였습니다. 게다가 구약 성경에서 포도주는 하나님의 기쁨을 상징합니다.

> 포도주가 없으므로 거리에서 부르짖으며 모든 즐거움이 사라졌으며 땅의 기쁨이 소멸되었도다(사 24:11).

이사야는 포도주가 없다는 말을 기쁨을 상실한 이스라엘을 묘사하는 데 사용합니다. 이스라엘의 영적 상태를 한탄하는 선지자의 탄식이지요. 예수님이 첫 기적을 베푸신 장소가 바로 이 '포도주가 떨어진 잔치'였다는 점은 매우 상징적입니다. 왜냐하면 당시 유대교의 모습이 바로 그러했기 때문입니다.

하나님을 믿고 그의 계명을 따르는 일은 본래 기쁨과 즐거움으로 가득한 삶이어야 합니다. 마치 혼인 잔치처럼요. 하지만 어느새 그 기쁨은 사라지고, 율법의 가르침은 기계적이며 예배는 형식화되었습니다. 하나님을 섬기는 일이 기쁨이 아니라 짐이 되어버린 것입니다. 결국 신앙생활은 잔치집이 아닌 초상집 같은 모습이 되고 말았습니다. 하나님으로 인한 기쁨이 사라진 것이지요.

우리의 신앙생활도 다르지 않습니다. 우리를 구원하신 하나님의 은혜를 누리고, 그분을 기뻐하는 것이 신앙생활의 본질입니다. 그런데 한 가지 문제가 있습니다. 그 기쁨과 감격이 오래 지속되기 어렵다는 것입니다. 가만히 두면 서서히 사라져 갑니다. 3절은 이렇게 시작됩니다. "포도주가 떨어진지라." 잔치가 시작될 때는 분명 포도주가 풍성했을 것입니다. 모두가 기쁘게 나누며 즐겼겠지요. 그러나 어느 순간 포도주는 줄어들고, 마침내 바닥을 드러냅니다. 이것이 문제입니다.

저도 신학을 처음 시작했을 때를 떠올려 보면, 정말 뜨겁게 주님을 만났던 시간이 있었습니다. 기도회가 끝난 후에도 더 기도하고 싶어서 지하 기도실에 가서 기도한 적도 많습니다. 그때는 기도 시간이 꿀송이 같았습니다. 하나님의 날개 그늘 아래 거하는 것이 얼마나 행복한지 체험하는 시간이었습니다. 그런데 요즘 제가 기도에 대해 강의할 때 가장 먼저 하는 말이 이것입니다. "기도는 노동입니다!" 언제부터 기도가 노동이 되었을까요? 뜨거웠던 기도의 감동도 시간이 지나면 잦아들고 사그라듭니다. 포도주가 떨어진 것입니다. 이것은 다른 사람의 문제가 아닙니다. 바로 우리의 문제입니다.

과연 우리의 인생 잔치는 계속될 수 있을까요? 포도주가 바닥난 듯한 우리의 마음, 가정, 교회, 인생 가운데 하나님이 다시 은혜와 기쁨의 포도주를 부어주시길 소망합니다. 그리고 새로운 잔치가 다시 시작되기를 간절히 바랍니다. 그렇다면, 우리는 어디서부터 다시 시작해야 할까요?

내게는 포도주가 없습니다!

먼저, 현실을 분명히 바라보아야 합니다. 내게는 포도주가 없습니다.

포도주가 떨어진지라 예수의 어머니가 예수에게 이르되 저들에게 포도주가 없다 하니 (요 2:3).

갈릴리 가나의 혼인잔치에 포도주가 떨어졌습니다. 이 사실을 예수님의 어머니 마리아가 먼저 알게 됩니다. 아마 혼주와 가까운 친족이었기에 잔치의 상황을 일찍 알 수 있었던 것 같습니다. 어쨌든, 잔치에 포도주가 떨어졌다는 것은 큰일입니다.

문제를 인식하지 못하면, 문제를 해결할 수 없습니다. 예수님이 오시기 전, 이스라엘은 구약 율법을 중심으로 한 유대교 신앙을 따랐습니다. 처음엔 제사와 율법을 통해 하나님과의 관계를 회복하며 기쁨을 누렸고, 신앙은 영적 잔치와 같았습니다. 그러나 시간이 흐르며 기쁨의 기능은 점점 약해졌습니다. 율법은 무거운 짐이 되었고, 예배는 형식과 제도로 변질되었습니다. 더 이상 포도주의 역할을 하지 못하게 된 것입니다. 바로 그 현장에 예수님이 오신 것입니다. 새 언약의 포도주가 되어 주신 것입니다.

여기서 중요한 것은, 포도주가 떨어졌다는 사실을 인식하는 것입니다. 그래야 새 포도주이신 주님을 모실 수 있습니다. 포도주가 떨어졌다는 현실 파악과 자기 고백이 먼저 있어야 합니다.

이사야가 선지자로 부름 받을 때의 일입니다. 이미 그는 선지자로 사역을 하고 있었습니다. 그러나 다시 주님 앞에 섰을 때 이렇게 고백합니다.

화로다 나여 망하게 되었도다 나는 입술이 부정한 사람

이요 나는 입술이 부정한 백성 중에 거주하면서 만군의 여호와이신 왕을 뵈었음이로다(사 6:5).

"화로다 나여 망하게 되었도다." 하나님 앞에서 철저하게 자신을 인식한 것입니다. "나는 입술이 부정합니다. 부정한 가운데 여호와 앞에 섰습니다. 그 고백 뒤에야 제단 숯불을 통한 정결함과 사함이 임합니다. 요한복음 2장의 관점에서 보면, 이것은 "내게는 포도주가 없습니다"라는 고백입니다. 이 고백이 있어야 새 포도주가 부어집니다.

담임목사로 사역하며 예전과는 많은 것이 달라졌다는 걸 느낍니다. 부목사일 때는 맡은 사역만 잘 감당하면 되었지만, 이제는 교회의 모든 일이 제 몫이 되었습니다. 예배에서 설교를 해야 합니다. 회의도 하고, 여러 모임에 가서 격려도 해야 합니다. 또 심방을 하며 성도를 돌아봅니다. 그러면서 앞으로 어떤 목회를 펼쳐 가야 할지에 대한 고민을 하면서 준비도 해야 합니다. 하루하루 사역을 감당하면서 문득 저 자신에게 이런 질문을 하게 됩니다. '내게 과연 이 모든 것을 감당할 능력이 있는가?' 물론 목사로서 경험도 쌓았고, 열심히 사역도 해왔지만, 마음 깊은 곳에서 점점 분명해지는 한 가지 고백이 있었습니다. "주님, 제게는 포도주가 없습니다." 하나님이 도와주시지 않으면 내 경험과 능력은 금

세 바닥을 드러낼 수밖에 없습니다. "포도주가 떨어진지라." 이 고백은 가나 혼인 잔치에서 마리아의 고백이며, 이사야 선지자의 고백이고, 우리 모두의 고백입니다. 내 인생의 잔치는 언젠가 막을 내릴 수밖에 없습니다.

포도주는 오직 예수님에게만

잔치에 포도주가 떨어졌다는 것을 알아차린 마리아는 곧 다음 행동에 나섭니다.

> 포도주가 떨어진지라 예수의 어머니가 예수에게 이르되 저들에게 포도주가 없다 하니 (요 2:3).

마리아는 이 문제를 누구에게 알립니까? 예수님입니다. 참 이상한 일입니다. 연회장에게 알려서 대책을 세우는 것이 일반적인 반응 아닌가요? 그런데 마리아는 이 사실을 연회장이 아닌 예수님에게 알립니다. 만약 마리아가 연회장에게 이야기했다면 어떻게 되었을까요? 조금 상상해 보면, 아마 이런 일이 벌어졌을 겁니다. "내가 분명히 넉넉히 준비하라고 했잖아. 주문 담당은 누구야?" 책임을 따지고, 서로를 탓하고, 실랑이가 벌어졌을지도 모릅니다. 하객들에게 너무 많이 줬다고 하인을 다그쳤을 수도 있겠지요. 그렇게 잔치는 금세 분쟁의 장으로 바뀌고 말았을 것입니다. 예수님이 아닌 다른 곳에서 문제의 해답을 찾으려고 하면, 어려움을 겪을 수밖에 없습니다. 이것이 오늘날 우리의 현실입니다.

가정은 어떻습니까? 많은 사람이 배우자에게서 포도주를 찾습니다. 하지만 곧 알게 됩니다. 남편에게도, 아내에게도 포도주가 없다는 사실을요. 결혼하면 행복해질 줄 알았는데, 오히려 실망과 상처가 쌓입니다. '남편 때문에', '아내 때문에' 삶이 꼬였다고 느끼기도 합니다. 행복과 기쁨은 사람에게서가 아니라 하나님께로부터 오는 것입니다. 예수님에게만 포도주가 있습니다.

부모가 자녀에게서 기쁨을 찾으려는 시도도 마찬가지입니다. 이것도 반드시 실망합니다. 허다한 무리의 부모들이 증인석을 채울 수 있습니다. 아이들에게서 기쁨을 찾으려 했던 것이 어리석었다는 고백이 이어질 것입니다. 자식은 열심히 키워 놓으면 독립해서 떠납니다. 그리고 나면 빈둥지증후군이 찾아옵니다. 특히 자녀에게 삶의 중심을 두고 살아온 부모는, 아이가 떠난 후 깊은 허무함에 빠지게 됩니다. 이것을 피하려면, 부모도 영적으로 독립해야 합니다. 자녀는 사랑하고 격려할 대상이지, 의지할 대상이 아닙니다. 자녀에게서도 포도주를 구할 수 없습니다.

여러분, 혹시 포도주가 떨어져 가고 있습니까? 믿었던 사람, 기대했던 자녀, 늘 좋을 것 같던 건강에서 포도주가 사라지고 있진 않습니까? 그렇다면 이제 시선을 예수님에게 돌리십시오. 진짜 기쁨, 진짜 만족은 오직 예수님에게 있습니다. 성경에 수많은 증인이 있습니다. 예수님을 믿는 자의 잔치는 끝나지 않습니다.

저 역시 부목사로 섬기다 담임목사로 부임하게 되었을 때 많은 생각이 스쳤습니다. 그간 많은 것을 보고 배우며 행복하게 섬겼던 그 교회를 떠나오면서 이러한 고민을 하게 되었습니다. '나는 과연 한 교회의 담임목사가 되어서 건강한 교회를 세우고, 말씀으로 은혜를 끼칠 수 있을까? 나는 그럴 만한 능력이 없는데.' 그러나 시간이 지나면서 확신하게 되었습니다. 포도주를 주시는 분은 예수님뿐 이라는 것을요. 그분을 찾는 자에게, 기대하는 자에게, 주님은 결코 실망을 안기지 않으십니다.

다시 이어지는 잔치

하인들은 예수님의 말씀에 따라 돌항아리에 물을 가득 채웁니다. 그리고 그 물을 연회장에게 갖다 줍니다. 연회장이 마셔 보니, 물은 이미 포도주로 바뀌어 있었습니다. 그는 그 맛을 이렇게 평가합니다.

> 말하되 사람마다 먼저 좋은 포도주를 내고 취한 후에 낮은 것을 내거늘 그대는 지금까지 좋은 포도주를 두었도다 하니라(요 2:10).

보통 잔치에서는 처음에 좋은 포도주를 내고, 취하면 품질이 떨어지는 것을 내놓는 법입니다. 하지만 연회장은 깜짝 놀랍니다. 지금까지 이토록 좋은 포도주가 남아 있었던 것입니다. 하인들이 채운 것은 분명 물이었습니다. 그러나 예수님은 그 물을 최상급 포도주로 바꾸셨습니다.

시간이 흐르면 쇠하고 약해지는 것이 인생의 법칙입니다. 물은 오래 두면 썩고, 음식도 상해서 버리게 됩니다. 이것이 자연의 법칙입니다. 그러나 예수님 앞에서는 다릅니다. 그분은 물을 포도주로 바꾸십니다.

저의 20대 시절을 돌아보면, 저도 '물'과 같은 사람이었습니다. 신학을 하기로 결단했지만 능력도, 멘탈도 약했고, 향기 없는 삶이었습니다. 다른 이에게 기쁨을 줄 만한 여유도 없었고, 그저 내 한 몸 챙기기도 벅찼습니다. 그러나 그때 주님에게 저 자신을 맡졌습니다. 그 후 수십 년이 흘렀습니다. 여전히 부족하지만, 주님은 저를 향기 나는 사람으로 빚어 가셨습니다. 조금씩 그리스도를 닮게 하셨습니다.

혹시 '나는 물과 같은 사람이다. 향기도 없고, 존재감도 없고, 능력도 없다'고 스스로 생각하시는 분이 계십니까? 그렇다면 주님 앞에 나아가십시오. 예수님은 우리를 향기 나는 인생, 최상급 포도주 같은 인생으로 바꾸십니다. 물을 포도주로 바꾸시는 것이 예수님의 특기입니다.

물이 포도주로 변한 이 사건은, 예수님의 첫 번째 이적입니다. 스스로 잔치를 이어갈 수 없는 인생을 위해 주님은 오셨습니다. 그리스도의 향기로 그의 삶을 변화시키셨습니다. 이것이 예수님이 만드시는 하나님 나라의 특징입니다. 물과 같이 아무런 영향력이 없는 인생이 변하여, 사람에게 기쁨을 주고, 그리스도의 향기를 전파하는 삶으로 변하게 하십니다. 잔치가 이어지게 하십니다. 혹시 지금 인생의 잔치가 끝나가고 있다고 느끼십니까? 그렇다면 예수님을 만나십시오. 여러분의 잔치는 지금부터 다시 시작될 수 있습니다.

사랑하는 주님,
제 인생의 잔치가 끝이 나고 있습니다.
포도주가 떨어져 가고 있습니다.
잔치 같은 삶을 원했지만,
초상집이 되어 가고 있습니다.
이 시간 주님 앞에 제 삶을 맡깁니다.
무색무취의 물과 같은 인생을,
그리스도의 향기를 머금은
포도주 인생으로 변화시켜 주십시오.
주님과 함께라면, 제 인생 잔치는 이제 시작입니다.
예수님의 이름으로 기도드립니다.
아멘.

12장

기적은 끝나도
은혜는 계속된다

요한복음 6장 16-21절

요한복음 6장 19-20
제자들이 노를 저어 십여 리쯤 가다가 예수께서 바다 위로 걸어 배에 가까이 오심을 보고 두려워하거늘 이르시되 내니 두려워하지 말라 하신대

갱년기 증후군이라는 말을 들어 보셨나요? 여성의 경우, 갱년기가 되면 드라마틱한 변화를 겪습니다. 이 시기에는 여성 호르몬의 급격한 감소로 인해 몸과 마음에 다양한 증상이 나타납니다. 갑작스러운 안면 홍조, 이유 없는 우울감, 기억력 감퇴나 근육통 등 일상에 영향을 주는 증상들이 나타나기도 하지요.

갱년기는 자연스러운 노화의 한 과정입니다. 서서히 찾아오는 변화는 어느 정도 적응하며 받아들일 수 있지만, 그 변화가 너무 빠르게 다가오면 일상생활조차 힘겨워질 수 있습니다. 급격한 변화를 수용하는 일은 누구에게나 쉬운 일이 아닙니다.

살면서 쉬웠던 날은 하루도 없었다

오병이어의 기적은 너무도 잘 알려진 사건입니다. 오늘 본문은 그 놀라운 기적 직후에 일어난 이야기입니다. 예수님은 물고기 두 마리와 보리떡 다섯 개로 오천 명이 넘는 사람들을 배불리 먹이셨습니다. 경이로운 기적이 벌어진 현장이었습니다. 그러나 주님은 제자들을 그 자리에서 떠나게 하십니다. 그들은 배를 타고 갈릴리 호수 건너편으로 향하게 됩니다. 그리고 장면이 갑자기 바뀝니다. 환호와 기쁨이 가득하던 자리에서, 순식간에 고난의 한가운데로 들어가게 됩니다.

> 저물매 제자들이 바다에 내려가서 배를 타고 바다를 건너 가버나움으로 가는데 이미 어두웠고 예수는 아직 그들에게 오시지 아니하셨더니 큰 바람이 불어 파도가 일어나더라(요 6:16-18).

제자들은 어두운 밤, 예수님 없이 바다를 건너고 있었습니다. 그런데 큰 바람이 불기 시작했고, 거센 파도가 일었습니다. 이제 기적의 시간은 끝났습니다. 풍랑의 시간이 시작된 것입니다. 감탄과 환호의 순간은 지나가고, 걱정과 두려움의 시간이 밀려왔습니다.

이 모습이 어쩌면 우리네 인생과도 닮아 있습니다. 때때로 기적과 은혜를 체험하는 순간이 있습니다. 하지만 그 시간은 길지 않습니다. 예배 가운데 은혜를 받고, 하나님 앞에서 확신과 감격을 누리지만, 일상으로 돌아서는 순간, 또다시 문제와 염려가 우리를 덮쳐 옵니다. 현실은 냉정합니다. "은혜 받았던 순간이 있었나?" 싶을 정도로 금세 잊히기도 합니다.

"살면서 쉬웠던 날은 단 하루도 없었다!" 만화가 박광수 씨가 쓴 책의 제목입니다. 이 말이 제 마음에도 참 깊이 와닿았습니다. 지금은 유명한 만화가이지만, 한순간에 인기 작가가 된 것은 아닙니다. 무명 만화가일 때는 수많은 거절과 무시를 견디며 살아야 했습니다. 그의 가슴에 가장 깊이 각인된 말은 "오늘도 버티자"였습니다. 매일 수없이 그 말을 되뇌며 하루하루를 살아 냈다고 합니다. 그의 명함 뒷면에는 이렇게 적혀 있다고 합니다. "내겐 세상이 링이다." 그에게 세상은 치열한 전쟁터였습니다. 상대를 쓰러뜨리지 못하면 내가 쓰러질 수밖에 없는 곳이었습니다. 기쁘고 성공한 날도 있었겠지만, 대부분은 버텨 내야만 했던 날이었습니다. 불안하고 힘겨운 날, 파도치는 시간이 훨씬 더 많았던 것입니다. 그에게 살면서 쉬웠던 날은 정말 단 하루도 없었습니다.

성도도 예외는 아닙니다. 기적의 순간은 짧고, 은혜의 시간도

잠깐입니다. 돌아서면 또 풍랑이 몰아치고, 두려움과 불안이 엄습합니다. 살면서 쉬웠던 날은 우리에게 없습니다. 버텨야 합니다. 그리고 버티려면 하나님의 위로와 섭리가 필요합니다. 주님이 함께하신다면, 풍랑도 반드시 나쁜 것만은 아닙니다. 오히려 그 시간을 통해 하나님의 은혜를 더 깊이 발견하고 체험할 수 있으니까요.

본문을 통해 우리 인생에 찾아오는 풍랑이 어떤 유익을 주는지 세 가지로 나누어 살펴보려 합니다.

풍랑은 사명을 깨우는 시간

본문의 사건은 마태복음과 마가복음에도 기록되어 있습니다. 그중에서도 마태복음을 보면 제자들이 어떻게 배를 타게 되었는지 그 과정이 상세하게 묘사되어 있습니다.

> 예수께서 즉시 제자들을 재촉하사 자기가 무리를 보내는 동안에 배를 타고 앞서 건너편으로 가게 하시고 무리를 보내신 후에 기도하러 따로 산에 올라가시니라 저물매 거기 혼자 계시더니(마 14:22-23).

오병이어 기적 이후에 예수님은 제자들을 재촉하십니다. 즉시 배를 타게 하셨고, 건너편으로 가게 하셨습니다. 자신도 기도하러 홀로 산에 올라가셨습니다. 왜 급히 그 자리를 떠나게 하셨을까요? 기적의 현장에 오래 머물면, 자칫 교만해질 수 있기 때문입니다. 사람들의 환호 속에 자신도 모르게 으쓱해지고, 하나님이 주신 사명을 잊어버릴 수 있습니다. 그래서 예수님은 기적의 여운이 채 가시기도 전에, 그 자리를 떠나게 하신 것입니다.

우리도 마찬가지입니다. 성공 후에는 반드시 유혹이 따라옵니다. 가장 큰 유혹이 무엇일까요? 자신의 사명을 잊는 것입니다. 예수님은 오병이어의 기적을 위해 이 땅에 오신 분이 아닙니다. 작은 음식을 나눠서 인기를 얻고, 칭찬받기 위해 오신 것이 아닙니다. 주님의 사명은 분명했습니다. 십자가를 지고 죄인을 구원하는 것. 이것이 그분의 길이었습니다. 제자들도 마찬가지입니다. 기적의 현장에 있었다는 이유만으로 박수받고 높임받는 자리로 가기 위해 주님을 따른 것이 아닙니다.

그런 의미에서 오병이어의 현장은 위기였습니다. 자신의 사명을 망각하고 인기에 눈멀 수 있는 자리였습니다. 성공은 때때로 눈을 멀게 합니다. 성취한 것에 집착하게 만듭니다. 그래서 예수님은 홀로 기도하는 시간을 가지신 것입니다. 일종의 거리두기였습니다. 오병이어라는 기적과 인기를 위해 온 것이 아니라, 십자가를 지기 위해 왔음을 늘 기억하셨습니다. 이 소명을 잃지 않기 위해 기도의 자리로 가신 것입니다.

제자들에게도 거리두기가 필요했습니다. 그래서 그들을 재촉하여 바다로 보내십니다. 하나님만 바라보는 고독한 시간, 사명을 다시 되새기는 시간을 가지게 하십니다. 풍랑조차도 그 과정의 일부였습니다. 사명을 놓치지 않게 하기 위한 하나님의 장치였던 것이지요.

미국의 여성 수영 선수 플로렌스 채드윅(Florence Chadwick)의 이야기를 들어본 적이 있으실 겁니다. 1950년대, 그녀는 영국과 프랑스 해협을 헤엄쳐 건넜습니다. 32킬로미터의 거리를 13시간 20분 만에 건넜습니다. 정말 세상을 놀라게 할 만한 일이었습니다. 그리고 2년 후에 더 어려운 코스에 도전했습니다. 미국 캘리포니아 인근 섬에서 해변까지, 무려 34킬로미터 거리의 바다를 헤엄쳐 가는 것이었습니다. 태평양의 거센 파도를 뚫고 나아가야 했지요. 그런데 1차 시도는 실패로 끝났습니다. 불과 800미터만 남겨두고 포기했습니다. 원인은 짙은 안개였습니다. 자신이 어디쯤 와 있는지 보이지 않으니, 결국 방향을 잃고 포기할 수밖에 없었습니다. 2차 도전에서 그녀는 그 바다를 끝까지 건넜습니다. 왜냐하면 도착해야 할 곳, 목적지가 보였기 때문입니다.

성도의 삶도 이와 비슷합니다. 우리에겐 하나님이 주신 분명한 목적과 사명이 있습니다. 그런데 짙은 안개처럼 우리의 시야를 가리는 일들이 많습니다. 때로는 기적의 자리에서 떠나기 싫고, 안주하고 싶을 때도 있습니다. 그러나 하나님은 우리를 머물게 하지 않으십니다. 바다로, 풍랑 한가운데로 보내십니다. 왜일까요? 사명을 놓치지 않게 하시기 위해서입니다. 작은 성공에 머물지 않게 하십니다. 육신의 정욕, 안목의 정욕, 이생의 자랑이 소명을 대신하지 못하도록 하십니다.

지금 우리는 어떤 자리에 서 있습니까? 기적의 자리입니까? 아니면 풍랑의 한복판에 있습니까? 만약 지금 파도치는 바다 가운데 있다면, 그 자리가 바로 우리의 사명이 회복되는 자리가 되어야 합니다. 그 파도 속에서 우리의 한계와 허세는 드러나고, 세상의 자랑은 무의미해집니다. 오직 주님만이 전부가 되는 순간, 바로 그 자리가 소명이 새로워지는 자리입니다.

풍랑은 주님을 만나는 길

큰 바람이 불어 파도가 일어나더라 제자들이 노를 저어 십여 리쯤 가다가 예수께서 바다 위로 걸어 배에 가까이 오심을 보고 두려워하거늘 (요 6:18-19).

큰 바람이 불고, 파도가 일기 시작합니다. 제자들은 열심히 노를 저었습니다. 사실 제자들 중 상당수는 어부 출신입니다. 밤에 물고기를 잡는 일에도 익숙했고, 거센 바람 부는 바다도 여러 번 경험했을 것입니다. 하지만 그날 밤은 달랐습니다. 이전과는 비교할 수 없을 만큼 거센 풍랑이었습니다. 아무리 노를 저어도 도무지 앞으로 나아갈 수 없었습니다. 밤새도록 노를 저었지만 겨우 십여 리 정도밖에 가지 못했습니다. 어부로서의 경험과 노련함으로도 해결할 수 없는, 인간의 한계에 부딪힌 밤이었습니다. 그런데 바로 그때, 주님께서 제자들이 탄 배를 찾아오십니다.

마태복음은 이 장면을 좀 더 자세하게 묘사합니다.

> 밤 사경에 예수께서 바다 위로 걸어서 제자들에게 오시니 제자들이 그가 바다 위로 걸어오심을 보고 놀라 유령이라 하며 무서워하여 소리 지르거늘 (마 14:25-26).

'밤 사경'은 새벽 3시쯤, 가장 어두운 시간입니다. 그때 주님은 바다 위를 걸어 제자들에게 다가오셨습니다. 제자들은 그 장면을 보고 깜짝 놀라 소리칩니다. 아마 유령처럼 느껴졌을 것입니다. 그런데 참 이상한 일이 벌어집니다. 밤새도록 예수님을 기다렸던 제자들이 정작 자신들에게 다가오시는 주님을 알아보지 못합니다. 그렇게 밤새도록 예수님을 찾았을 텐데, 바로 옆에 오신 주님을 몰라 봅니다. 반대로 예수님은 처음부터 제자들을 지켜보고 계셨습니다.

> 바람이 거스르므로 제자들이 힘겹게 노 젓는 것을 보시고 밤 사경쯤에 바다 위로 걸어서 그들에게 오사 지나가려고 하시매(막 6:48).

주님은 바람을 거슬러 힘겹게 노를 젓는 제자들의 모습을 다 보고 계셨습니다. 갈릴리 호수에서는 밤이 되면 고원지대에서 강한 바람이 불어옵니다. 그 돌풍 때문에 파도가 거세지기도 합니다. 그런 상황에서는 아무리 노를 저어도 앞으로 나아가기 힘듭니다. 그런데 예수님은 이 모든 것을 지켜 보고 계셨습니다. 제자들이 십여 리 떨어진 곳에 있었지만, 별빛이나 달빛이 있다면 육안으로도 볼 수 있었을 것입니다.

한편으로는 야속한 마음이 듭니다. 조금만 더 일찍 오셨더라면 제자들이 그토록 고생하지 않아도 됐을 텐데요. 그러나 하나님의 타이밍은 우리의 시간과 다릅니다. 우리 눈에는 늦은 것처럼 보여도, 주님에게는 가장 정확한 순간입니다. 결국 제자들은 그 풍랑 가운데서 자신들에게 다가오시는 주님을 만나게 됩니다.

우리 인생에 찾아오는 풍랑도 마찬가지입니다. 그 고난의 현장에서 우리는 주님을 만납니다. 예수님은 결코 우리를 방치하지 않으십니다. 가장 적절한 타이밍이 될 때까지 기다리십니다. 어쩌면 지금도 내 옆에 오셔서 돕고 계실지도 모릅니다.

그러므로 인생에 풍랑이 닥쳤다고 너무 빨리 절망하지 마십시오. 조금만 어려움이 생겼다고 그것이 곧 불행이라고 단정하지 마십시오. 예수님을 믿는 우리에게는, 모든 고난에도 하나님의 섭리가 있고, 하나님의 시간이 있습니다.

그렇다면 우리는 풍랑 속에서 무엇을 해야 할까요? 우리가 할 일은 단 하나, 노를 젓는 것입니다. 비록 힘겹고 고단할지라도, 노를 저으며 앞으로 나아가야 합니다. 주님이 우리를 보고 계시기 때문입니다. 우리가 저어가는 노는 결코 헛되지 않습니다. 주님은 이 모든 상황을 다 아시고, 다 보고 계십니다. 그러니 우리는 우리가 해야 할 일을 묵묵히 해야 합니다.

한 성도가 신앙 강좌를 수료하며 이런 간증을 했습니다.

> 강의를 통해 성경 속에 살아 계시고 역사하시는 하나님을 만나게 되었습니다. 그 하나님을 통해 제 인생의 파노라마를 보게 되었습니다. 제가 기가 막힌 웅덩이를 지나

고 있을 때, 일이 잘 안 풀릴 때, 큰 장애물이 앞에 있을 때, 때로는 올무에 빠지고, 포위당하고, 좌절하고, 절망하고, 병들고, 허덕이더라도 하나님은 저를 붙들고 계셨다는 사실을 알게 되었습니다. 이제는 다윗처럼 여호와께 질문하며 살겠습니다. 내 생각이 아니라, 하나님 생각대로 문제를 풀어 가겠습니다. 정답인 성경 말씀대로 살겠습니다. 하나님이 제 인생을 위해 놀라운 그림을 그리고 계시기에, 하나님에게 내 인생의 그림을 맡기며 살겠습니다.

신앙 강좌를 통해 성경을 읽고 묵상하는 훈련을 하니, 하나님의 일하심을 붙드는 힘이 생긴 겁니다. 기도와 말씀, 묵상의 노를 꾸준히 저어간 결과입니다.

우리 인생에 찾아오는 풍랑은 주님을 만나는 시간입니다. 주님은 가장 적절한 타이밍에 만나 주십니다. 결국 우리가 할 일은 노를 젓는 일입니다. 주님이 보고 계십니다. 기도의 노, 훈련의 노, 선교의 노를 힘껏 저어 갈 수 있기를 바랍니다.

풍랑은 주님의 선한 능력이 비추는 시간

마태복음에서 베드로는 바다 위를 걸어오시는 예수님을 봅니다. 그리고 자신도 주님처럼 물 위를 걷고 싶다고 요청합니다. 주님도 허락하십니다. 베드로는 배에서 내려 물 위를 걷기 시작합니다. 이것만 해도 사실 대단한 일입니다. 그러나 곧 바람이 부는 것을 보고는 두려움에 사로잡혀 물에 빠지고 맙니다. 그 순간 베드로는 외칩니다. "주여 나를 구원하소서!" 이런 베드로를 주님은 어떻게 하셨을까요?

> 예수께서 즉시 손을 내밀어 그를 붙잡으시며 이르시되 믿음이 작은 자여 왜 의심하였느냐 하시고(마 14:31).

예수님은 즉시 손을 내밀어 붙잡아 주십니다. 그리고 말씀하십니다. "믿음이 작은 자여, 왜 의심하였느냐." 이 장면에서 중요한 것은 베드로의 믿음이 아닙니다. 믿음보다 중요한 것은 물에 빠지는 베드로를 붙잡아 주시는 주님의 은혜입니다.

신앙생활을 하다 보면 '믿음'을 많이 강조합니다. 주님을 바라보자, 주를 의지하자, 주를 붙들자고 말합니다. 믿음의 크기를 중요하게 생각하기도 합니다. 그런데 현실 속 우리의 믿음은 작고 약합니다. 의심하고, 염려하고, 불안해하기 일쑤입니다. 금방이라도 빠져 죽을 것 같은 순간들이 있습니다. 그럴 때 우리가 반드시 기억해야 할 사실이 있습니다. 내 믿음보다 더 크고 확실한 것은, 즉시 손을 내밀어 나를 붙잡아 주시는 주님의 은혜라는 것입니다. 오병이어의 기적도, 물 위를 걷는 기적도 결국 끝이 납니다. 그러나 나를 붙드시는 은혜는 계속됩니다. 끊이지 않습니다.

이처럼 삶이 흔들릴 때도 하나님을 향한 신뢰를 고백했던 한 사람이 있습니다. 바로 독일의 신학자 디트리히 본회퍼(Dietrich Bonhoeffer)입니다. 그가 작사한 찬양, 〈주 선한 능력으로〉는 깊은 고난 속에서도 하나님의 선하심을 신뢰했던 그의 믿음을 고스란히 담고 있습니다.

주 선한 능력으로 안으시네.

그 크신 팔로 날 붙드시네.

절망 속에도 흔들리지 않고

사랑하는 주 얼굴 구하리.

선한 능력으로 일어서리.

주만 의지하리 믿음으로

우리 고대하네 주 오실 그날

영광의 새날을 맞이하리.

본회퍼는 2차 세계대전 당시, 히틀러의 폭정과 유대인 학살에 대해 목청을 높이며 맞섰습니다. 그러다가 감옥에 갇히게 됩니다. 1944년 겨울 어느 날, 옥중에서 죽음을 맞이하게 됩니다. 본회퍼는 감옥 속에서 무엇을 보았을까요? 곧 닥칠 죽음이나 히틀러의 얼굴이 아니라, 사랑하는 주님의 얼굴을 바라보았습니다. 깊은 밤, 죽음의 파도를 앞두고도, 그의 시선은 주님의 선한 능력에 머물러 있었습니다. 내 생명은 여기서 끝이 날지라도, 나를 붙드시는 은혜는 끝나지 않음을 그는 알고 있었습니다.

혹시 지금, 여러분도 어두운 밤을 지나고 있습니까? 파도치는 인생의 바다를 항해하고 있습니까? 그렇다면 기억하십시오. 주님의 선한 능력이 오늘도 여러분의 인생을 비추고 있습니다. 우리의 믿음이 흔들릴지라도, 우리를 붙드시는 하나님의 은혜는 결코 흔들리지 않습니다. 기적은 끝나도, 은혜는 멈추지 않습니다.

사랑하는 하나님,
풍랑 가운데 있는 저를
긍휼이 여겨 주십시오.
그 어려움의 자리가
무너지는 자리가 되지 않기를 바랍니다.
풍랑의 자리가 오히려
주님과 독대하는 자리가 되게 하시고,
우리 안에 있던 영적 찌꺼기가 해소되고,
소명을 붙드는 자리가 되게 하여 주옵소서.
주여, 믿습니다.
기적의 순간은 끝이 나도
주의 은혜는 결코 멈추지 않는 줄 믿습니다.
예수님의 이름으로 기도드립니다.
아멘.

• 마치는 글

> 인생의 본질은 우는 것입니다.
> 인간은 울면서 태어나고,
> 울면서 세상을 떠납니다.
> 인생은 눈물로 가득 차 있으며,
> 그 눈물을 걷어낼 사람은 없습니다.
>
> _故 정훈택 교수(총신대 신학대학원)

"인생의 본질은 우는 것이다!" 정말 놀라운 통찰입니다. 눈물과 아픔은 우리 인생에 지울 수 없는 DNA처럼 새겨져 있습니다. 그리고 그 눈물을 완전히 걷어낼 사람은 없습니다.

"울지 말라!"(눅 8:52) 회당장의 딸이 죽었을 때, 예수님께서 하신 말씀입니다. 죽음은 인생에서 마주하는 가장 슬프고 고통스러운 순간입니다. 가장 위로가 필요한 순간이기도 하지만 그 누구도 죽음 앞에서 "울지 말라"고 말할 자격은 없습니다. 그저 곁에 있어 주고, 손을 잡아 주는 것이 우리가 할 수 있는 전부입니다. 그런데 예수님은 다릅니다. 사망의 권세를 멈추시고, 슬픔의 근원을 마르게 하십니다. 마침내 회당장의 딸을 살려 내십니다.

목회는 성도의 눈물을 닦는 사역입니다. 죄와 허물, 아픔과 상처, 악과 부조리로 인해 우리는 고통하며 눈물을 흘립니다. 우리는 다른 사람에게 "울지 말라"고 말할 자격은 없습니다. 그러나 그 말씀을 하실 수 있는 예수님을 소개하고, 보여 주고, 동행하게 할 수는 있습니다. 저는 목회자로서, 제가 받은 위로를 성도에게 전하는 통로가 되기를 꿈꿉니다. 그리고 이 말씀을 마음에 깊이 품습니다.

> 모든 눈물을 그 눈에서 닦아 주시니 다시는 사망이 없고 애통하는 것이나 곡하는 것이나 아픈 것이 다시 있지 아니하리니 처음 것들이 다 지나갔음이러라(계 21:4).

아멘! 주 예수여 어서 오시옵소서!

이 산지를 내게 주소서!

위로, 성도가 살아가는 힘
오늘을 살아가는 성도에게 전하는 열두 편의 위로 메시지

초판 발행	2025년 5월 10일
초판 2쇄	2025년 5월 23일
지은이	조태성
발행인	손창남
발행처	(주)죠이북스(등록 2022. 12. 27. 제2022-000070호)
주소	02576 서울시 동대문구 왕산로19바길 33, 1층
전화	(02) 925-0451 (대표 전화)
	(02) 929-3655 (영업팀)
팩스	(02) 923-3016
인쇄소	(주)진흥문화
판권소유	ⓒ(주)죠이북스
ISBN	979-11-93507-55-1 03230

책값은 뒤표지에 있습니다.
잘못된 도서는 교환하여 드립니다.
이 책 내용을 허락 없이 옮겨 사용할 수 없습니다.